AF365017

Valentina Paolini

Manuale di
SOPRAVVIVENZA
AL MATRIMONIO

Istruzioni pratiche per il vostro giorno più importante
(e per sopravvivere)

SANTELLI Editore

Manuale di sopravvivenza al matrimonio
Istruzioni pratiche per il vostro giorno più importante (e per sopravvivere)
di Valentina Paolini
prima edizione: giugno 2020
© 2020, Santelli editore

GESA
Gruppo Editoriale SANTELLI

Santelli editore
Viale Giacomo Mancini 236,
87100 Cosenza
0984.406939
info@santellieditore.it
www.santellieditore.it

SI INIZIA

Organizzare il proprio matrimonio è il sogno di ogni ragazza.

Come fare per non perdere nessun appuntamento e non dimenticare nessun dettaglio? Chiamiamo prima il pasticciere o il fioraio? O la location? O... oddio, non hai nemmeno iniziato e già sei nel panico?

Niente paura, le scelte sono due! O ci si affida ad una Wedding Planner o ci si affida al nostro amato *Manuale di sopravvivenza al matrimonio*!

In questa *agenda del matrimonio* troverai tutte le cose da fare per organizzare un matrimonio con i fiocchi.

Dalla chiesa al ristorante, dal Comune al fioraio, passando per i fornitori e per tutti gli annessi e connessi del grande giorno.

Vediamo, in primis, la lista delle cose da fare e le relative tempistiche.

Nessuno ti vieta di prenotare tutto due anni prima o, per le più coraggiose, un mese prima, quindi prendi questa lista e questa mia linea organizzativa come un esempio da plasmare a tuo piacimento. Nei prossimi capitoli vedremo nel dettaglio ogni singola voce.

12 mesi prima

- [ ] Definire la data
- [ ] Definire il budget
- [ ] Definire i testimoni
- [ ] Definire il tema e lo stile del matrimonio
- [ ] Definire la lista invitati
- [ ] Inviare il Save the Date
- [ ] Definire le damigelle e i paggetti
- [ ] Scegliere la location
- [ ] Scegliere la chiesa o la casa comunale
- [ ] Scegliere il corso prematrimoniale

8 mesi prima

- [ ] Confermare la location
- [ ] Scegliere abito da sposa
- [ ] Confermare la Wedding Planner
- [ ] Scegliere il vestito per le damigelle
- [ ] Scegliere il vestito per i paggetti
- [ ] Definire i fornitori
- [ ] Definire la musica della chiesa
- [ ] Definire la musica per la location
- [ ] Definire se gli invitati hanno bisogno di pernottare
- [ ] Definire fotografo e videomaker

6 mesi prima

- [ ] Definire la torta nuziale
- [ ] Preparare gli indirizzi degli invitati
- [ ] Definire le bomboniere
- [ ] Iniziare la burocrazia comunale ed ecclesiastica
- [ ] Definire il viaggio di nozze
- [ ] Scegliere l'auto della sposa e dello sposo
- [ ] Scegliere il catering
- [ ] Preparare le partecipazioni
- [ ] Definire il menù e la lista dei vini
- [ ] Definire la lista di nozze
- [ ] Contattare il fiorista

3 mesi prima

- ☐ Scegliere l'abito dello sposo
- ☐ Scegliere i segnaposto
- ☐ Inviare le partecipazioni
- ☐ Sostenere l'esame da fidanzati
- ☐ Scegliere i regali per i testimoni
- ☐ Definire il parrucchiere
- ☐ Definire il make-up artist
- ☐ Definire la Wedding Bag
- ☐ Scegliere le fedi
- ☐ Comprare accessori sposo e sposa
- ☐ Definire il libretto della messa e le letture
- ☐ Definire gusti confettata

2 mesi prima

- ☐ Fare pubblicazioni
- ☐ Fare prova abito sposa
- ☐ Fare prova abito sposo
- ☐ Definire addio al nubilato/celibato
- ☐ Fissare prove trucco e acconciatura
- ☐ Fissare alloggi per gli invitati
- ☐ Definire il tableau de mariage

1 mese prima

- ☐ Stampare i menù
- ☐ Confermare gli invitati
- ☐ Definire allestimenti a casa
- ☐ Scegliere i buffet per le case degli sposi
- ☐ Andare dall'estetista

7 giorni prima

- ☐ Relax
- ☐ Contattare i fornitori per conferme
- ☐ Preparare i documenti di viaggio
- ☐ Ultimi preparativi viaggio di nozze

12 M

esi

prima...

BUDGET

Prima di fare qualsiasi cosa è bene definire il budget di spesa dell'evento generale e stabilire come verrà ripartito per i vari servizi. Depenna tutto ciò che per il vostro evento risulti eccessivo o le voci dei servizi che vi verranno regalati da amici e parenti. Vi potrà capitare di impegnare il budget per un servizio che poi successivamente un fornitore vi potrà omaggiare, in questo caso ci sono varie opzioni:

- aumentare il budget di un altro servizio;

- aggiungere un servizio che prima non poteva rientrare nel budget;

- spostare il budget sul viaggio di nozze;

- risparmiare.

€. _______________

		Fornitori	Preventivato	Speso	Note
Cerimonia	Chiesa				
	Donazione				
	Musica				
	Altro				
Abbigliamento	Abito sposa				
	Abito sposo				
	Intimo sposa				
	Intimo sposo				
	Accessori sposa				
	Accessori sposo				
	Scarpe sposa				
	Scarpe sposo				
	Fedi				
	Damigelle				
	Paggetti				
	Altro				
Stampe e oggettistica	Partecipazioni e buste				

	Fornitori	Preventivato	Speso	Note
Libretto chiesa				
Save the date				
Menù				
Tableau de mariage				
Segnaposto				
Bomboniere				
Ringraziamenti				
Sacchetti non invitati				
Cuscino porta-fedi				
Bomboniere genitori				
Bomboniere testimoni				
Francobolli				
Coni portariso				
Wedding bag				
Altro				
Ricevimento Location ristorante				
Catering				

	Fornitori	Preventivato	Speso	Note
	Torta			
	Isole speciali			
	Pernottamento sposi			
	Pernottamento ospiti			
	Confettata			
	Extra time			
	Altro			
Foto e video	Fotografo			
	Album sposi			
	Album genitori			
	Album testimoni			
	Video			
	Servizi pre-matrimoniali			
	Servizi post-matrimoniali			
	Extra			
	Altro			
Intrattenimento	Musica			

	Fornitori	Preventivato	Speso	Note
	Animazione			
	Baby club			
	SIAE			
	Artisti extra			
	Altro			
Fiori e allestimenti	Bouquet sposa			
	Occhiello sposo			
	Occhielli testimoni			
	Occhielli paggetti			
	Coursage testimoni			
	Coursage damigelle			
	Allestimenti chiesa			
	Allestimenti location			
	Bouquet da lancio			
	Fiori auto			
	Fiori casa sposa			
	Fiori casa sposo			

		Fornitori	Preventivato	Speso	Note
	Altro				
Beauty	Estetista				
	Make-up				
	Trattamenti capelli				
	Acconciatura				
	Altro				
Auto	Auto sposa				
	Auto sposo				
	Trasporto ospiti				
	Altro				
Viaggio di nozze	Viaggio				
	Documenti				
	Abbigliamento				
	Valigie				
	Spese extra				
	Altro				
Wedding planner	Retribuzione				
	Altro				

	Fornitori	Preventivato	Speso	Note
Burocrazia	Marche da bollo			
	Altro			

	Fornitori	Preventivato	Speso	Note
Burocrazia	Marche da bollo			
	Altro			

LA DATA

Ora dobbiamo pensare alla scelta della data. Come riuscire a trovare il giorno "perfetto" per il matrimonio? Si può partire con una data per voi importante, il vostro mese preferito oppure potete partire dal clima e dalle stagioni che vi piacciono di più. Ovviamente dobbiamo sempre considerare il fattore flessibilità, mi spiego meglio… se la location dei nostri sogni fosse occupata? Se la chiesa dove tanto speravate di sposarvi fosse impegnata? Come si potrebbe procedere? Cambi le location o cambi le date?

Tutte queste considerazioni sono da tenere a mente quando si sceglie una data precisa, soprattutto quando questa ricade nella così detta "alta stagione" altrimenti dovete giocare con moltissimo anticipo, anche un anno e mezzo prima.

Se desiderate far coincidere il matrimonio con una data per voi importante va benissimo, ma ricordatevi che è sconsigliato far coincidere il giorno del matrimonio con festività, compleanni o simili, uno perché vi togliereste un giorno già di festa, due perché non sarebbe un giorno solo vostro, tre perché nel caso andasse male ve lo ricordereste per tutta la vita!

Le tradizioni ci indicano anche i significati dei vari giorni:

- Lunedì, il giorno propizio che porta buona salute in quanto dedicato alla Luna, astro e dea delle spose;
- Martedì è il giorno che indica ricchezza sicura, anche se un altro detto sostiene che "di Venere e di Marte non ci si sposa, non si parte e non si dà principio all'arte";
- Giovedì porterà alla sposa dei dispiaceri;
- Venerdì, per i Cristiani, è il giorno del digiuno, del supplizio e della penitenza, per un non credente questo è proprio il giorno dedicato a Venere, dea dell'amore;
- Sabato, giorno "più gettonato" dalle coppie per celebrare il proprio matrimonio per motivi pratici, è invece considerato dalla superstizione popolare il giorno più sfortunato per convolare a nozze.

- Domenica: per gli sposi cattolici questo è il giorno ideale per celebrare le nozze, ma attualmente molti parroci hanno limitato le celebrazioni dei matrimoni per dedicare più attenzione alle messe.

Anche i mesi hanno tutti un loro significato, vediamo insieme quali sono:

- Gennaio: mese che simboleggia l'affetto, la gentilezza e la fedeltà;

- Febbraio: mese degli amori;

- Marzo: "pazzerello" riserva gioia e dolori;

- Aprile: promette soltanto gioia;

- Maggio: tra i mesi più gettonati per le splendide giornate, ma non è consigliabile sceglierlo perché essendo il mese della Madonna potrebbe risultare oltraggioso, inoltre vi è il detto *"sposa maggiolina presto vedovina"*.

- Giugno: mese dedicato a Giunone, dea protettrice dell'amore e delle nozze;

- Luglio: darà fatiche;

- Agosto: assicurerà una vita piena di cambiamenti;

- Settembre: riempirà gli sposi di allegria e ricchezze;

- Ottobre: porterà moltissimo amore a scapito del denaro;

- Novembre: darà felicità;

- Dicembre: con la sua neve assicurerà agli sposi amore eterno.

Alcune location fanno degli sconti particolari per gli eventi infrasettimanali ed anche qui si deve riflettere un pochino sulle conseguenze che tale scelta può avere. Sicuramente si risparmia, ma se poi molti amici o parenti non potessero venire perché non sono riusciti a prendere i giorni di permesso o di ferie? Non tutti hanno la possibilità di prendere facilmente permessi infrasettimanali. Qualora però la vostra scelta fosse proprio un giorno infrasettimanale vi consiglio di farlo sapere con netto anticipo così da non creare disagi.

Data ___________________________

LISTA DEGLI INVITATI

Appena finito di preventivare tutti i costi dei vari servizi, ci dobbiamo soffermare sulla lista degli invitati. Partite sempre dalle persone a voi più vicine per poi avventurarvi verso la scelta di inserire tra gli invitati colleghi o amici di vecchia data.

Sicuramente non mancherà la mamma che vi dirà "questi non possono non essere invitati" quindi tenete duro, fate un bel respiro e cercate di evitare inutili discussioni. Come fare? Semplice! Arrivate a questo momento con la vostra lista già pronta e definita nei dettagli così darete l'idea della massima organizzazione e raramente si intrometteranno nella scelta degli invitati. Ricordatevi che il matrimonio è il vostro e se non avete piacere ad invitare Tizio o Caio siete liberi di non invitarli.

Se vi rendete conto che tra parenti e amici sforate il budget stabilito, prevedete di fare il ricevimento formale con i parenti e poi di incrementare con un party serale per gli amici. Potete prevedere anche due eventi separati pranzo/cena per parenti e poi un apericena con dj set per gli amici. Valutate bene queste opzioni così da portare, in fase di colloquio, le varie opzioni al responsabile della location del ricevimento.

Vi lascio qui di seguito una piccola lista che vi consentirà di non perdervi nessuno strada facendo. Un'ultima cosa, in questa tabella segnate solo il numero di persone che compongono ogni famiglia, senza entrare nel dettaglio.

Ci sarà tempo per segnare sul "Libro degli Invitati" (troverete un riferimento alla fine del libro su dove poterlo scaricare assieme al "Libro dei Tavoli") tutti i nominativi e le varie necessità.

Una scaletta in ordine di importanza: genitori, compagni dei genitori e relativa famiglia, fratelli e sorelle con relativa famiglia, nipoti con relativa famiglia, nonni, zii e zie con relativa famiglia, cugini e cugine con relativa famiglia, parenti di secondo grado, amici stretti, amici, colleghi, vicini di casa o amici di famiglia, e così via.

Famiglia   Adulti   Bambini

Qui di seguito annoterai a matita il numero totale degli invitati adulti e bambini e appunterai un totale ipotetico degli invitati che parteciperanno effettivamente, che ti servirà per prendere gli accordi iniziali con i fornitori.

Non vi spaventate del numero totale che uscirà fuori, fate sempre in tempo a depennare qualche invitato e, in molti casi, qualche invitato si eliminerà da solo. Quindi niente paura!

- **Totale Invitati**   _________________________
- **Totale Adulti**   _________________________
- **Totale Bambini**   _________________________

Ora andiamo a segnare sul "Libro degli Invitati" il dettaglio di ogni famiglia, scrivendo il nome della famiglia, il numero di componenti (vi risulterà utile per la composizione dei tavoli), il nome e cognome di ogni componente (il cognome vi servirà se sul tavolo sono presenti degli omonimi) e l'indirizzo dove spedire eventuali inviti.

STILE E TEMA DEL MATRIMONIO

Un matrimonio ha sempre uno stile o un tema da seguire in tutte le varie fasi dell'organizzazione del matrimonio. Trovare il tema ti aiuta a non perderti nelle mille personalizzazioni possibili, ma a cercare solo oggetti, carte, accessori e quant'altro in linea con il tema scelto.

Se pensi ad un matrimonio con il tema marino sicuramente prenderai in considerazione una cartella colori contenente tutte le tonalità del blu, celeste e azzurro e sicuramente escluderai il lilla o il giallo.

Qui di seguito una lista di temi che puoi pensare di scegliere per l'evento. Ovviamente si tratta solo di una parte delle mille personalizzazioni possibili.

- Le stagioni: giocare con i colori che caratterizzano ogni stagione ed utilizzare gli elementi che la ricordano. (es. l'autunno con le zucche, le castagne, le foglie colorate, il marrone, l'arancio, il bordeaux e così via).

- I colori: se ne possono scegliere diversi, come la palette pastello, oppure sceglierne uno solo e declinarlo in diverse nuance.

- Disney: lasciatevi ispirare dal regno delle principesse oppure da un singolo film, liberate la fantasia ed il gioco è fatto.

- Videogames: se siete dei veri appassionati del genere non fermatevi davanti a chi vi dice: "ma un tema più classico?" Cerca cake topper personalizzati e oggettistica in tema.

- Fiori: dalle rose classiche ai più particolari girasoli, potete parlare col fioraio per includere nelle decorazioni quanti più esemplari del fiore prescelto!

- Medioevo: per questo tema è molto importante la location che deve almeno ricordare una sala dei cavalieri. Potreste osare anche un dress code medievale per rendere tutto più suggestivo.

- Cinema: molti dettagli importanti possono essere usati per questo tema. Un esempio? Le partecipazioni potrebbero essere locandine del cinema, ogni tavolo potrà avere un nome di un film, le bomboniere potrebbero essere delle statuette da Oscar, e così via.

- Musica: partecipazioni con carta spartito, musica dal vivo e via con le danze, lasciatevi ispirare da concerti o artisti preferiti.

- Letteratura e poesia: vecchi libri ad adornare il tavolo, vecchie macchine da scrivere per creare l'allestimento e magari una poetessa che declamerà dal vivo dei versi?

- Materiali: come gli artisti della rivoluzione industriale, potete far vostri pietra, legno, vetro, tessuti. Ogni materiale può diventare il punto focale del vostro stile.

- Il mare: per iniziare la palette dei colori verterà sui toni del blu e del verde, ma si può giocare anche con righe bianche e blu e piccoli tocchi di rosso, per far diventare tutto più "marinaro".

- Arte: se siete amanti dell'arte sicuramente avrete moltissimi amici che vi potranno aiutare nella ricerca dell'allestimento perfetto. Trasformate il vostro matrimonio in un vernissage dove esporre le vostre opere e quelle dei vostri invitati.

- Viaggio: valigie, mappamondi e planisfero faranno da cornice ad un evento che vi farà girare il mondo. Puoi giocare anche sulla scelta del menù e proporre cibi internazionali.

- Bosco: verde, marrone, foglie, frutta secca, rami e piccole lucine renderanno unica l'atmosfera.

- Veneziano: anche per questo tema, molto importante è la location che dovrebbe ricordare un salone d'altri tempi. Come nello stile medioevale, potreste proporre un dress code a tema, oppure fornire maschere veneziane, piume e lustrini ai vostri invitati. Per chi avesse a disposizione un budget elevato, c'è la possibilità di contattare un'azienda di noleggio e far scegliere all'ospite l'abito adatto.

- Casinò: rosso, bianco e nero saranno i colori principali. Per gli invitati si potrebbe pensare a vestiti di gala e magari si può noleggiare la roulette, così come le slot machine. Ma pensate sempre ai premi per i vincitori.

- Circo: su questo tema ci si può sbizzarrire! Giochi a noleggio, artisti di strada, clown e trampolieri non potranno mancare.

- Urban style: metallo, legno e carta saranno i protagonisti di questo tema. Gli skyline delle più grandi metropoli possono andare a decorare tutte le parti stampate.

- Shabby chic: questo è il tema più usato nell'ultimo triennio. Primeggiano il colore bianco, i mobili della nonna riverniciati e non possono mancare pizzi e merletti del vecchio corredo.

- Vino: tema perfetto per i periodi di settembre e ottobre o per un ricevimento che si svolge presso agriturismi con vigne e produzione propria.

- Norvegese: per questo tema non può mancare il bianco, il legno chiaro e le forme geometriche.

- Christmas: questo è un tema che si usa nel periodo che va dal 1 dicembre al 6 gennaio, al di fuori di queste date potrebbe risultare una forzatura. In questo tema, l'allestimento e le varie decorazioni, sono molto semplici da trovare. Un'idea? Ricreare il villaggio di Babbo Natale. Se invece ti piace molto questo tema ma sei fuori da queste date puoi optare per il tema Inverno e giocare con colori freddi e piccoli cristalli.

- Fantascienza: per questo tema puoi rifarti ad una saga, tipo Star Wars, oppure ad un film o semplicemente giocare con gli oggetti come, provette, abiti, bussole, pistole laser e quant'altro.

- Boho chic: stile bohèmien e richiami Hippie. Decorazioni di chiffon, merletti e nastri colorati. Attenzione non possono mancare gli acchiappasogni.

- Retrò: basta scegliere il decennio ed il gioco è fatto. (Anni '30, Anni '40, Anni '50, quali preferite?).

- Rockabilly: vi ricordate i cantanti anni '70/ '80? Ecco cercate da loro l'ispirazione. Velette, gonne vaporose, papillon e tantissimi pois e colori. Non può mancare la musica dal vivo in stile ovviamente.

- Black & White: qui non c'è niente da aggiungere, lasciate libero sfogo alla vostra fantasia giocando sul contrasto dei due non-colori.

- Rustico: balle di fieno, lanterne e fili di lampadine per la lunghissima tavolata nel giardino di un bellissimo agriturismo.

- Esplorazione dello spazio: cannocchiali, luci, palloni luminosi e magari un professore che fa osservare i pianeti ai vostri invitati.

- Zen: giardino zen come bomboniera, colori tenui che virano dal grigio al verde salvia. Ispirazioni giapponesi nel menù e perché no, uno spettacolo di danzatrici orientali a deliziare i commensali.

- Erbe e piante aromatiche: se festeggerete in una cascina o in un agriturismo, potrebbe interessarvi molto la bomboniera composta da erbe o piantine aromatiche che è molto in voga. Si possono usare anche per andare ad adornare il tavolo e i vari punti buffet. Per le partecipazioni si possono usare le carte materiche fatte con i semini del kiwi, dell'oliva e moltissimi altri, oppure pensare alla partecipazione piantabile ovvero si può piantare e ne uscirà una meravigliosa piantina aromatica.

- Caraibico: questo tema è consigliato a chi ha la passione per i balli latino - americani e soprattutto se gli invitati sono amanti del ballo.

Stile ___________________

Tema ___________________

Cartella Colori

ANNUNCIAMO IL MATRIMONIO!

L'annuncio del matrimonio mette sempre un po' di ansia agli sposi. Come avvertire tutte le persone senza fare il giro delle sette chiese?

Ci sono due modi per ovviare a questo problema. Si chiamano in causa le mamme e gli si fanno fare tutte le telefonate ai parenti oppure si usa il *Save the Date* (trad. salva la data).

Non è nient'altro che un bigliettino, una calamita o qualsiasi altro oggettino che riporta la data in cui avverrà il matrimonio con il nome degli sposi e la dicitura «*Seguirà invito ufficiale*» proprio per non scambiarla per una "strana partecipazione".

Questa tendenza arriva dall'America, dove si ha la necessità di avvisare parenti che vivono in stati diversi o comunque molto lontani dal paese degli sposi. Ogni invitato avrà così il tempo necessario per organizzarsi con gli spostamenti e con il lavoro.

Ovviamente andrai dal tuo grafico di fiducia che creerà il Save the Date in linea con il tema e lo stile del matrimonio. Anche il tipo di materiale dovrà essere in linea con quello che poi sarà all'interno della partecipazione e di tutto il materiale cartaceo che sarà utilizzato per l'evento.

Ecco quali sono i passaggi da seguire per la realizzazione del Save the Date:

1. scegliere la grafica inerente al tema scelto;

2. scegliere la carta o il supporto sul quale stampare;

3. scegliere la busta;

4. pensare al giorno della consegna.

Oppure in caso di spedizione:

- comprare i francobolli;

- reperire gli indirizzi;

- spedire.

Aiutati con il "Libro degli Invitati" per definire il numero di Save the Date da creare. Ti ricordo che gli inviti/partecipazioni vanno consegnati non solo alle famiglie, ma anche a parenti o figli di amici che vivono da soli.

Es. il cugino della sposa vive da solo: si invierà l'invito alla zia che poi riferirà anche al figlio? Sbagliatissimo! Si dovranno predisporre due inviti, uno per la zia e uno per il cugino.

Una volta completati gli invii, spunta la voce S del "Libro degli Invitati".

I TESTIMONI

L'annuncio ai testimoni può avvenire in maniera classica, magari con una cena o durante un aperitivo, oppure si può consegnar loro un manuale... il manuale del perfetto testimone! Io ora vi dirò cosa NON deve mai mancare sul manuale per il testimone, poi ovviamente ognuno di voi personalizzerà a suo modo il manuale.

Dunque, cosa non deve mancare sul manuale?

* Un'introduzione su cosa stanno per leggere.

* Perché ho scelto te?

* Un test per verificare se effettivamente è adatta/o per farvi da testimone.

* La lista delle regole per svolgere correttamente il ruolo della/del testimone.

* Spazio per esercitarsi con la firma.

* Accetti quindi di essere la mia testimone/ il mio testimone?

Come creare il manuale?

1. Scrivere la brutta copia;

2. scegliere la grafica;

3. scegliere la carta;

4. stamparli;

5. pensare al giorno della consegna.

Testimoni della Sposa | Testimoni dello Sposo

Ti ricordo che i compiti dei testimoni della sposa sono:

- partecipare alle prove del vestito, del make-up e dell'acconciatura;

- aiutare gli sposi con l'invio delle partecipazioni;

- organizzare la festa di addio al nubilato.

I testimoni dello sposo, invece, devono:

- custodire le fedi nuziali e portarle al luogo della cerimonia;

- organizzare insieme allo sposo la serenata;

- organizzare la festa di addio al celibato.

LE DAMIGELLE E I PAGGETTI

Per le damigelle e i paggetti dobbiamo pensare a tantissime cose, ma le vedremo nel dettaglio più avanti. Per ora limitiamoci a decidere chi sono e soprattutto ad avvertire i loro genitori. Mi raccomando di scegliere damigelle e paggetti con più di quattro anni per non avere problemi durante la cerimonia. Purtroppo i bimbi troppo piccoli, a volte, possono avere problemi di timidezza, essere vivaci oppure avere una crisi di pianto, tutte cose che precluderebbero il loro ruolo all'interno della cerimonia. Dovrete fare particolare attenzione alla scelta di colui o colei che porterà le fedi al celebrante. Vedremo più avanti quanto è importante che le fedi non cadano a terra, quindi è buona cosa scegliere tra i più grandicelli, ovvero tra coloro che hanno più di sei anni.

Damigelle	Paggetti

SCELTA DEL LUOGO DELLA CERIMONIA

Illustro in primis la scelta del luogo della cerimonia e poi quello per il ricevimento per una questione pratica, ma se vi rendete conto che la location è più gettonata e richiede la priorità passa tranquillamente avanti e poi torna qui quando sarà il momento.

Innanzitutto bisogna definire se il matrimonio avverrà in chiesa, in una casa comunale oppure se semplicemente vi basterà il rito simbolico. Per le prime due organizzazioni avremo più o meno la stessa tipologia organizzativa, mentre per il rito simbolico avremo un capitolo a parte.

Quando avrete scelto una chiesa dovrete informarvi su alcune cose: lascio una piccola lista qui di seguito.

Domande riguardanti il rito:

- Che formule si hanno a disposizione per esprimere il consenso?
- Si possono ricordare i cari che non ci sono più?
- Possiamo chiamare un sacerdote esterno?
- Possiamo conoscerci meglio per un'omelia personalizzata?
- Spunti e idee per le letture?
- È possibile scegliere i canti?
- È possibile celebrare altri sacramenti nel giorno delle nozze?

Domande riguardanti la location:

- C'è un costo per la celebrazione delle nozze?
- C'è un permesso da richiedere per l'auto della sposa?
- Si può stare sul sagrato al termine della cerimonia?
- Esistono limiti sul lancio del riso, di coriandoli o affini?
- È previsto il pagamento della SIAE per la musica in chiesa?
- Ci sono dei limiti o delle regole per organizzare l'allestimento in chiesa?

- Ci sono altre nozze celebrate nello stesso giorno?

Domande sui fornitori:
- Ci sono limiti da comunicare al fotografo?
- Ci sono vincoli per il coro o l'uso dell'organo?

Domande sul corso prematrimoniale:
- Ci sono date stabilite per il corso prematrimoniale?
- Quando si fa il processicolo (esame dei fidanzati)?

Domande relative ai testimoni di nozze:
- Esistono dei vincoli per i testimoni di nozze?
- Occorre stabilire un giorno da dedicare al colloquio con i testimoni di nozze?
- C'è un giorno dedicato alle confessioni di sposi e testimoni?
- C'è un permesso da richiedere per l'auto della sposa?

Più o meno puoi fare le stesse domande, tranne ovviamente quelle riferite a letture e omelia, al funzionario del comune che ti indicherà la lista delle varie case comunali dove si può celebrare il rito. Se invece scegliete di firmare in comune e poi fare il rito simbolico presso la location allora potete saltare questa parte.

Chiesa / casa comunale scelta   Indirizzo

SCELTA DEL LUOGO PER IL RICEVIMENTO

Ora passiamo alla location per il ricevimento!

Di solito gli sposi non hanno sempre le idee chiare sulla scelta della location ed hanno quasi sempre una rosa di luoghi tra cui scegliere.

Ti rivolgo alcune domande così da aiutarti a capire qual è la location più adatta a voi:

- Villa, Agriturismo, Casale, Castello, Tenuta, alternativo?

- Classico, moderno, rustico, medievale, marino, alternativo?

- Che stile hai scelto? Dove vorresti trovarti?

- In base al numero degli invitati, quanto deve essere ampia la location?

- Vorresti un andamento fuori/dentro/fuori o solo dentro (o solo fuori)?

- Hai necessità di ulteriori spazi per intrattenimenti o allestimenti?

- Che budget hai predisposto?

Ora che dovresti aver chiara l'idea della vostra location è possibile iniziare a fare una seria ricerca sui siti di settore come *Matrimonio.com* e simili.

Ti ricordo che molte location sono restie ad inviare subito una proposta di menù orientativa e vi costringeranno a salire in macchina e ad avere un colloquio conoscitivo con loro, vi consiglio a tal proposito di andare a visitare la location e mai e poi mai fermarla subito. Prendetevi sempre un giorno o più per riflettere bene se è proprio quella giusta e per verificare di aver chiesto bene ogni dettaglio.

Qui di seguito ti lascio una lista delle cose da chiedere alla location prima di fare la scelta definitiva.

Domande sulla location:

- Quanti matrimoni ci saranno quel giorno?
- C'è un orario massimo entro cui il ricevimento deve finire?
- Si può celebrare il rito civile o quello simbolico?
- Ci sono limiti per fuochi d'artificio, lanterne, coriandoli, riso ecc.?
- Possono entrare gli animali?
- C'è un numero minimo di invitati?
- La location sarà esclusiva?
- C'è il parcheggio gratuito? Capienza? Sarà presente un parcheggiatore?
- Ci sono zone fumatori?
- È ammesso ogni tipo di decorazione?
- Qual è la vostra specialità? Che matrimoni amate fare?
- Quali sono gli spazi che possiamo utilizzare?
- Ci sono degli spazi da dedicare allo sposo e alla sposa per la loro preparazione?
- I lavori che sono in corso d'opera verranno terminati per tempo?
- I responsabili saranno presenti nella struttura durante il ricevimento?
- Ci sono ingressi per disabili?
- I disabili posso fruire di tutta la location o vi sono zone che loro non riescono a raggiungere?
- Ci sono le toilette per i disabili?
- C'è una zona per i bimbi?

Domande sulla sala e sugli spazi fruibili:

- Qual è la capienza massima della sala ristorante e dei vari ambienti del ricevimento?
- Esiste un piano B in caso di pioggia? Ha un costo differente?
- Gli invitati saranno tutti nella stessa sala?
- La sala è climatizzata/riscaldata?

- Nei bagni ci sarà il personale di servizio a garantire la pulizia?
- Tovagliati e mise en place sono compresi?
- Nel caso si dovesse rompere qualcosa come ci si comporta?

Domande sulla cucina e sui menù, alcune sono da fare esclusivamente se ha cucina interna o se vi è il responsabile del catering:

- Ha una cucina interna?
- Si ha un catering affiliato o posso sceglierlo in autonomia?
- Si possono prevedere menù appositi per intolleranti, allergici, vegetariani ecc?
- Qual è il rapporto tra camerieri/ospiti?
- Le bevande sono illimitate?
- Si possono scegliere vini differenti?
- Quali sono le forme e le tipologie di tavolo disponibili?
- È prevista una degustazione? Come si svolge?
- Sono previsti sconti per i menù baby e menù staff?
- La torta è compresa? Che tipologia?
- Si possono portare torte dall'esterno?

Domande sui fornitori:

- Ci sono fornitori imposti?
- È obbligatorio il servizio di baby sitting?
- Avete convenzioni con alcuni fornitori?

Domande su costi e pagamenti:

- Come funzionano i pagamenti?
- Il prezzo è comprensivo di IVA?
- Si prevede una somma per l'affitto della struttura? Quanto?
- Nel caso l'evento si annulla? E se si rimanda?
- Quali sono i servizi inclusi nel prezzo?
- Quali sono i servizi extra?
- Qual è il costo dell'extra time?

Domande sulla possibilità di pernotto:

- C'è possibilità di pernotto per sposi ed invitati?
- Che formula viene usata B&B, mezza pensione o pensione completa?

Domande sulla musica:

- Chi pagherà la SIAE?
- Per la musica ci sono limiti di orario o di volume?
- È presente un impianto audio/video?
- Che potenza ha?
- È necessario un incontro con il musicista?

Questa lista di domande ti consiglio di portarla sempre con te a ogni visita e di non avere il timore di domandare. Meglio per entrambe le parti essere chiari su ogni aspetto. La location tiene molto a svolgere perfettamente un evento con così tante persone, perché, in caso ci fossero dei problemi, sarebbero 100/120 persone a fare pubblicità negativa, nonché recensioni su social e simili.

Nella scelta della location, oltre al vostro gusto, dovete tener presente anche altre cose come, per esempio, la dimensione adeguata della sala rispetto al numero degli ospiti, la distanza dal luogo della cerimonia e ovviamente il budget. Andare a vedere location da milioni di dollari per poi ripiegare su location più semplici non fa bene al vostro umore, quindi è bene evitare queste visite.

Qualora vi dovesse piacere una location lontana dal luogo da cui vengono la maggior parte degli invitati, è bene prevedere una navetta o un bus per gli ospiti più anziani e per tutti coloro che potranno avere difficoltà nel raggiungerla.

Nome	Indirizzo	Data visita	Gradimento

Dopo tutte queste location viste, spero che ce ne sia una che vi abbia colpito...

Se la risposta fosse negativa, torna indietro, forse stai sbagliando tipologia? Ricontrolla le domande che ti ho fatto all'inizio, ne cambieresti qualcuna?

Se invece la risposta fosse positiva puoi proseguire verso il tortuoso percorso dell'organizzazione.

Location scelta   Indirizzo

IL CORSO PREMATRIMONIALE

Il corso prematrimoniale è un percorso obbligatorio per chi ha scelto il matrimonio religioso, se invece hai optato per il matrimonio civile puoi saltare al paragrafo successivo senza problemi.

Si tratta di una decina di incontri (il numero varia da diocesi a diocesi) nei quali si tratteranno tutti gli argomenti riguardanti l'intera vita matrimoniale: i figli, l'educazione, la sessualità ecc.

Bisogna viverlo come un momento di confronto e di apertura. Il corso è sempre gratuito!

Di solito si svolge nella parrocchia di residenza o in quella limitrofa, viene svolto o dal parroco o da una coppia già sposata scelta apposta per sostenere quel ruolo. Esistono anche corsi intensivi (che di solito sono a pagamento) e che si svolgono in un week end, in strutture ecclesiastiche dove la coppia alloggerà per due giorni.

I temi che si affrontano sono:

* testi biblici che riguardano il matrimonio ed il suo rituale;
* rito nuziale: verrà spiegato sia l'aspetto pratico sia le indicazioni sulle letture e sulle diverse fasi del rito;
* aspetti giuridici: con il supporto di un avvocato verranno visti tutti gli aspetti legali del matrimonio e soprattutto le formule di comunione o separazione dei beni;
* percorso cristiano: verrà approfondito il percorso cristiano;
* rapporto di coppia: la coppia sposata che presenterà il corso vi darà delle testimonianze e vi aiuterà a comprendere le dinamiche della coppia una volta sposati;
* educazione e figli: vi verranno elargite le testimonianze ed i consigli per crescere al meglio i vostri figli da buoni cristiani;
* momenti di preghiera.

Durante il corso prematrimoniale verranno richiesti il certificato di battesimo e il certificato di cresima.

Alla fine del corso verrà rilasciato un certificato di frequenza o di partecipazione.

Molti sacerdoti alla fine del corso fanno anche il "processicolo" o meglio conosciuto come l'esame dei fidanzati. È un incontro che svolge il parroco con la sposa e con lo sposo separatamente e dove si verifica la libera scelta di sposarsi e soprattutto per valutare se tra i futuri sposi c'è comunanza di valori ed idee. Queste sono le domande che vi faranno:

- Dopo il compimento dei sedici anni ha dimorato per più di un anno in un'altra diocesi?

- Ha mai contratto matrimonio, anche solo civile? Quando e con chi? Come è cessato questo vincolo? Ha avuto figli?

- Perché sceglie di sposarsi in chiesa? Crede nel matrimonio come sacramento? Ha qualche difficoltà nell'accettare l'insegnamento della chiesa sul matrimonio? Quale?

- Il matrimonio comporta una decisione pienamente libera. Si sposa per scelta e per amore oppure è costretto da qualche necessità? Si sente spinto al matrimonio dai suoi famigliari o da quelli del suo fidanzato/a?

- Il matrimonio è comunione di tutta la vita tra un uomo e una donna. Vuole il matrimonio come unico e si impegna alla fedeltà coniugale?

- È volere di Dio che il vincolo matrimoniale duri fino alla morte di uno dei due coniugi. Vuole il matrimonio come indissolubile e quindi esclude di scioglierlo con il divorzio?

- Il matrimonio è di sua natura ordinato al bene dei coniugi, alla procreazione ed educazione alla prole. Accetta il compito della paternità/maternità senza escludere il bene della procreazione? Intende dare ai figli un'educazione cattolica?

- Pone condizioni matrimoniali? Quali?

- Il suo fidanzato/a accetta il matrimonio come unico e indissolubile oppure ha qualche riserva in proposito? È sicuro/a che sposa lei liberamente per amore?

- Nel fidanzamento ha avuto motivi per dubitare della riuscita del suo matrimonio? Ha tenuto nascosto qualcosa che possa turbare gravemente la vita coniugale?

- Esistono vincoli di consanguineità tra lei ed il suo fidanzato/a? Esistono altri impedimenti al matrimonio canonico o divieti alla celebrazione?

- (Per i minori di 18 anni) I suoi genitori sono a conoscenza delle sue nozze? Sono contrari?

- (Per chi è sposato civilmente) Qual è stata la ragione di questa scelta? Perché ora si sposa in chiesa?

- (Per chi è stato sposato civilmente con altri) Ha già ottenuto la sentenza di divorzio? Adempie ai doveri naturali derivanti dalla sua precedente unione?

- Esistono impedimenti o divieti al matrimonio a norma della legge civile, o alla sua trascrizione?

IL MATRIMONIO SIMBOLICO

Ora vediamo nel dettaglio il rito simbolico.

Moltissime coppie, non si accontentano della fredda e veloce cerimonia in comune ma al tempo stesso non si sentono di celebrare un rito cattolico, quindi optano per questo rito simbolico.

Non viene comunque esclusa l'opzione di celebrare solamente il rito simbolico, anche perché molte coppie giovani non credono sia necessario firmare un contratto per dichiararsi amore eterno. Vediamo in cosa consiste questo matrimonio simbolico. Il rito simbolico può essere celebrato ovunque, in spiaggia, in un bosco o sulla piazza comunale. Per quest'ultima opzione, o comunque per i luoghi comunali, è sempre opportuno richiedere l'autorizzazione all'amministrazione competente. La scelta più gettonata rimane quella di celebrarlo all'interno della location dove avverrà il ricevimento, infatti sono sempre di più le location che predispongono delle zone per effettuare il rito simbolico.

Che sia un rito simbolico successivo alla celebrazione in una casa comunale o che sia semplicemente simbolico, quindi senza valenza giuridica, si potrà organizzare come un vero e proprio matrimonio, con tanto di partecipazioni, ricevimento e bomboniere.

Una scelta importante sarà l'officiante, che nella maggior parte dei casi verrà scelto nella cerchia degli amici più stretti, ma mi raccomando, dovete scegliere qualcuno che sia a suo agio davanti ad una platea e che non si emozioni nel parlare al microfono.

I momenti più importanti per un matrimonio simbolico sono:

1. L'ingresso degli sposi;

2. il discorso dell'officiante;

3. le letture;

4. lo scambio delle promesse;

5. i riti simbolici;

6. l'uscita degli sposi.

La parte importante di questo rito simbolico è sicuramente il discorso del celebrante, quindi sceglietelo accuratamente e dategli delle linee guida sulla tipologia di cerimonia che vorreste ricevere.

Vediamo ora più approfonditamente i riti che si possono effettuare. Come sempre sono solo degli esempi, potrete esprimere tutta la vostra creatività:

- il rito della luce o delle candele: la sposa terrà in mano una candela, così come lo sposo ed insieme accenderanno una terza candela, più grande, a simboleggiare la loro unione. Questa candela poi verrà conservata nella casa degli sposi e verrà riaccesa ad ogni anniversario. Questo rito viene accompagnato da letture antiche e brani tradizionali, tra di essi il brano più famoso è quello di un sacerdote belga, Philip Bosmans, dal titolo "Ascoltate la candela del vostro matrimonio";

- il rito della sabbia: la sposa avrà un contenitore con la sabbia di un colore mentre lo sposo avrà il suo contenitore con la sabbia di un altro colore. Entrambi verseranno la propria sabbia in un contenitore più grande. Il significato di questo rito è che nonostante l'unione in un'unica cosa ogni granellino mantiene la sua identità singolare;

- il rito Celtico: questo rito è molto antico, si rifà al popolo celtico e alla loro cultura ed ai miti dei Druidi. Gli sposi vengono posizionati vicini ed il celebrante, mentre recita la preghiera di protezione, disegna a terra un cerchio sacro di protezione. Dopodiché gli sposi dovranno accendere tre candele, due più piccole posizionate ai lati esterni, che simboleggiano le famiglie degli sposi, e una più grande al centro che simboleggia la nuova famiglia che si sta creando. Durante le promesse gli sposi, e anche gli invitati, dovranno tenere in mano una pietra, nelle quali verranno trasferiti l'amore e la felicità verso questa nuova coppia. Al termine della cerimonia queste pietre potranno essere riposte nel giardino della casa degli sposi oppure gettate in un corso d'acqua, essendo quest'ultima il simbolo dell'emozione e dello spirito;

- il rito dell' Handfasting: i polsi degli sposi vengono legati con un nastro rosso e uno bianco che simboleggiano l'uomo e la donna. Ora questo rituale è stato leggermente modificato infatti si usano tra i 4 e i 13 nastri di diverso colore. L'unione degli sposi era suggellata da questo laccio, come una promessa indissolubile;

- *il rito della rosa*: questo rituale viene fatto donandosi reciprocamente una rosa, simbolo dell'amore passionale, queste rose poi verranno riposte all'interno di un vaso nella casa degli sposi e ad ogni anniversario questo rituale dovrà essere ripetuto, riempiendo, così, il vaso di rose.

Questi sono solo alcuni dei rituali che si possono fare in un rito simbolico, ce ne sono molti altri che possono essere inseriti, ma non staremo qui ad elencarli tutti.

Molti di questi rituali possono essere proposti anche in chiesa, perché nascono proprio da riti cristiani.

IL REGIME PATRIMONIALE

Ecco una parte noiosa, ma che va affrontata prima di celebrare il matrimonio. Come gestire i beni posseduti?

Il regime patrimoniale coniugale viene stabilito dal Codice Civile ed è un insieme di norme che disciplinano come verranno gestiti i beni degli sposi, prima e dopo l'unione civile. In mancanza di specifiche direttive si instaura il regime di comunione dei beni, del quale vedremo solo alcuni piccoli dettagli, rimandando a chi di competenza per spiegazioni più approfondite.

La comunione dei beni riguarda:

- acquisti fatti dai coniugi dopo il matrimonio, insieme o separati ad eccezione dei beni personali;

- le aziende fondate dopo il matrimonio e gestite da entrambi;

- i risparmi della coppia.

Sono esclusi dalla comunione dei beni:

- beni personali e di professione;

- beni di cui si era titolari prima del matrimonio;

- beni acquisiti per donazione o successione, a meno che non specificato che fosse una donazione o successione per entrambi i coniugi;

- beni per risarcimento danni.

Se si vuole, invece, la separazione dei beni, ognuno avrà e manterrà il possesso sui propri beni e su quelli che avrà dopo il matrimonio. Una frase che può riassumere il caso è "quel che è mio è mio e quel che è tuo rimane tuo".

Queste due condizioni possono essere modificate in seguito solamente davanti a un notaio ed in presenza di due testimoni. Dovrà poi essere trascritto sull'atto di matrimonio e firmato da tutte e due i coniugi.

Rimandiamo per ulteriori dettagli e delucidazioni al personale competente.

PET AL MATRIMONIO

Se possedete un cane, o un qualsiasi animale domestico, che non può mancare al matrimonio, dovete fare in modo che per lui non sia una tortura ma un giorno di divertimento. Per garantire ciò potrete affidarlo ad un Dog Sitter che lo terrà d'occhio durante tutto il matrimonio. Vi sconsiglio di affidargli il trasporto delle fedi se non perfettamente addestrato, in quanto, vedremo più in là, quanto è importante non farle cadere. Mi raccomando, non dimenticate di chiedere alla location del rito e del ricevimento se gli animali possono entrare e a che condizione.

È buona cosa, anche se affidate il vostro animale domestico ad un dog sitter, non lasciarlo in disparte per troppo tempo, ma ad intervalli regolari, andate ed interagite con lui, magari potete farlo partecipare ad una parte del servizio fotografico.

si

rima...

CONFERMARE LA LOCATION

È arrivato il momento di lasciare i primi acconti. Molte location li richiedono al momento in cui si ferma la data, molte invece li richiedono al primo appuntamento ufficiale dove verranno discussi i primi dettagli.

Mi raccomando di segnare sempre tutti gli acconti lasciati e farsi rilasciare opportuna ricevuta.

Nel caso di pagamento con assegno è buona norma farsi fare una fotocopia dello stesso con sotto la firma del titolare della struttura.

Ovviamente leggete con molta cura il contratto che vi viene posto, segnalate ogni mancanza e ogni cosa che non vi sia stata detta in sede di colloquio iniziale. Il problema può porsi, ad esempio, se qualche termine è stato modificato: immagina se il ristoratore vi abbia omaggiato dell'extra time. Non verrà messo in conto in quanto avete duecento ospiti e cento di loro alloggeranno presso la stessa location da voi affittata. Bene, ma questo non c'è scritto sul contratto e potrebbero sorgere problemi al momento del saldo. Il mio consiglio è di farvelo scrivere sotto il contratto come nota ed è bene che sia firmato da entrambe le parti. La prudenza non è mai troppa!

Ricordatevi di riportare il totale nella tabella del budget iniziale così da verificare se è stato rispettato oppure no.

SCELTA DEL VESTITO DELLA SPOSA

Ecco il fatidico giorno della scelta dell'abito! Vi dico subito una cosa: l'abito perfetto non esiste. Esiste quello che vi starà in maniera impeccabile e che vi farà luccicare gli occhi. L'obiettivo è quindi quello di trovare l'abito che vi farà sentire bellissime e non quello di avere l'abito più bello del mondo.

Il 70% delle spose lo trova alla prima visita in atelier e spero che sia così anche per te, ma se così non fosse non disperare, lo troverai nei prossimi atelier e sarà l'abito che hai sempre sognato di indossare nel giorno più importante della tua vita!

Prima di andare in atelier cerca di fare un check sul tuo vestito ideale così da arrivare preparata.

- Colore dell'abito?

- Lungo o corto?

- Con la coda o senza?

- Stile? Classico, principesco, romano, anni 60, ecc?

- Modello? Tubino, largo, a sirena, taglio impero, ecc?

- Velo? Lungo, medio o corto? O cappello?

- Tessuto?

- Ricami e strass?

- Corpetto con le spalline? Senza spalline? Maniche?

- Soprabito? Stola?

Adesso vedremo nel dettaglio i modelli che sicuramente vi proporranno in atelier:

Classico. L'abito classico avrà un corpino stretto e una gonna che dalla vita si allarga fino al fondo. Lo scollo potrà invece essere a barchetta, a V, all'americana, tondo o quadrato. Se opterete per un modello senza spalline lo scollo potrà essere a cuore oppure dritto. Per quanto riguarda le maniche si possono scegliere molte opzioni, il tutto dipenderà dalla stagione e dalla tonicità delle braccia;

Tubino. L'abito a tubino ha un corpino stretto, dalla vita in giù scende dritto. Rientra nella classe degli abiti tradizionali, ma non è il più semplice da indossare, infatti bisogna essere un "figurino" perché mette in risalto ogni piccolo difetto. Per questo modello è consigliabile avere un atelier di fiducia che vi garantisca le modifiche fino all'ultimo giorno;

Scivolato. L'abito scivolato è il modello più versatile, infatti non aderisce al corpo né nella parte alta né nella parte bassa. Il modello scivolato è ideale per un fisico proporzionato ma con qualche punto critico. L'abito scivolato è talmente leggero che potrete sceglierlo con lo strascico anche un po' lunghetto.

Impero. L'abito ad impero è un modello che si caratterizza da un corpino aderente fino a sotto seno e poi la linea rimane scivolata fino ai piedi. Questo è un abito adatto a chi ha problemi di linea oppure per le donne in gravidanza.

Redingote. Ha una linea essenziale ed è caratterizzato da due tagli sul davanti che arrivano fino in fondo all'abito delineando tutta la silhouette. È uno stile molto rigoroso infatti il suo nome deriva dal nome del soprabito da cavallerizzo. Le scollature migliori per questo abito sono quella quadrata, quella tonda o quella a V.

Sottoveste. Abito molto minimalista, caratterizzato da una gonna scivolata e da un'ampia scollatura. Questo modello è caratterizzato dall'assenza delle maniche e da spalline sottilissime, che si possono anche impreziosire con punti luce. Non è un abito facilissimo da indossare, soprattutto per chi ha un seno molto prosperoso. Questo abito siccome è molto semplice può essere accompagnato da un velo molto importante.

Principessa. Questo abito è tra i più gettonati dalle spose ed è composto da un corpetto molto strutturato ed una gonna ampia. Quest'ultima, avendo moltissimi strati, è impegnativa da portare e da gestire nei vari momenti della giornata.

Sirena. È un abito molto particolare e non semplice da indossare. È caratterizzato da una linea aderente fino alle ginocchia dove poi si apre, ricordando appunto la coda di una sirena. La parte alta è semplice ma delineata da una scollatura profonda oppure da un taglio dritto. Una caratteristica di questo abito è che spesso si ha una scollatura profonda anche sulla schiena che lo rende ancora più sensuale. Di certo non passerete inosservate!

Bustier. Questo abito è caratterizzato da un corpetto molto sostenuto, vi si inseriscono addirittura le stecche. Di solito è consigliato per tutte quelle ragazze con un seno molto prosperoso e che non vogliono nasconderlo ma metterlo in risalto con garbo. La gonna ampia, che caratterizza la parte bassa, può nascondere anche dei fianchi un po' più prosperosi.

A balze. Questo abito è adatto ad un fisico longilineo che deve ritrovare le forme sinuose femminili o per chi deve nascondere delle imperfezioni del busto e del girovita. Le balze faranno un effetto nuvola e creeranno quella morbidezza giusta per riequilibrare le forme. Ovviamente non è adatto a chi ha già forme abbondanti perché le accentuerebbe con le sovrapposizioni.

Rinascimentale. È un abito caratterizzato dalla particolarità di una linea scivolata, con una vita alta e delle maniche lunghe che terminano a trapezio. Questo abito ha una gonna svasata e scivolata che si adatta perfettamente a chi vuole mimetizzare delle imperfezioni nella parte bassa del corpo. È un abito adatto a tutte le età, dalle più giovani alle spose più avanti con l'età.

Greco. È un abito che si rifà alle grandi dee greche, costituito da lunghi drappeggi che creano un gioco di incroci. Di solito nasce con una sola spallina sulla quale si fa girare un drappo che poi ricade lungo la schiena. Se volete rimanere in tema con lo stile greco potete lasciar da parte i tacchi e optare per un sandalo alla schiava magari impreziosito da strass e punti luce.

Corto. È un abito che spesso e volentieri viene utilizzato per la cerimonia civile, ma nessuno vieta di indossarlo per la cerimonia religiosa. Questo abito deve arrivare due dita sopra il ginocchio, il bon ton vieta di farlo più corto. Il punto vita è fondamentale in questo abito proprio per questo dovrà essere un vostro punto di forza. Le scarpe saranno molto importanti quindi sceglietele con accuratezza, non vi avventurate sul tacco dodici se non lo portate abitualmente, altrimenti vi ritroverete a metà giornata doloranti e con una camminata che farà pensare ad un T- Rex.

Tailleur. Questo abito ha mille varianti, gonne corte a palloncino, gonne lunghe plissettate, pantaloni a palazzo oppure una gonna aderente, il tutto completato da una giacca o un blazer. Si adatta a tutte le tipologie di donne, dalle più robuste alle più esili.

Ti lascio anche alcune indicazioni sulla tipologia di abito più adatta a determinate figure.

Il corpo di una donna può assomigliare:

- ad una clessidra con seno pronunciato, vita magra e fianco pronunciato. Per questa figura gli abiti più adatti sono: il Tubino, l'abito a Sirena, il Classico, lo Scivolato e il modello a Balze;

- a rettangolo con stessa misura per spalle e fianchi e vita dritta. Per questa tipologia di figura sono consigliati il Tubino e l'abito Corto che tende a slanciare di più la figura. Non consiglio l'abito senza spalline, mono spalla o con spalline troppo fine, perchè tendono ad accorciare la figura;

- a fragola con spalle e seno abbondanti e fianchi stretti. Per questa figura consiglio l'abito a Tubino o l'abito Corto, comunque tutti gli abiti che tendono a valorizzare le gambe e che non evidenzino le spalle, quindi no a mono spalla, spalline sottili, taglio impero;

- a pera con spalle e seno magri e fianchi pronunciati. Per questa figura posso consigliare tutta la serie di abiti che tendono a valorizzare le spalle con corpetti che delineino il punto vita oppure dei tagli impero. Si possono prevedere anche delle gonne ampie e vaporose per mascherare il fianco, come il modello Bustier o il modello Principessa. Si può osare anche con un abito corto, basta che sia in stile anni Cinquanta con vita alta e gonna ampia a palloncino, oppure con un Tailleur in stile smoking;

- a mela, seno e punto vita abbondante e fianchi magri. Per questa figura potrebbe essere una soluzione l'abito in stile Impero, in stile greco oppure il modello Redingote. Tutti questi abiti attirano l'attenzione sul decolté, scendendo poi scivolati fino ai piedi. Per questa figura è adatto anche il Tailleur, magari con un pantalone a palazzo e una blusa scivolata. Se avete la fortuna di avere delle belle gambe magre potete anche osare con un corto, così da poter attirare l'attenzione su di esse.

Ritagli di giornale dei
modelli che ti piacciono

Vediamo ora chi vuoi portare con te in questo momento così speciale...

E qui segniamo gli appuntamenti.

Atelier

Data e ora

Ora che anche l'abito è stato scelto non dimenticare di riportare la spesa all'interno della tabella iniziale dei budget, così da verificare se, anche per questa voce, hai superato il budget oppure sei rimasta in linea con il preventivo.

Ti lascio anche uno spazio dove poter segnare i vari appuntamenti per le prove. Ricordati che già dalla prossima prova devi portare con te l'intimo che indosserai e soprattutto le scarpe! Cerca di combinare una prova con quella del make-up e dell'acconciatura così avrai una visione di insieme e potrai constatare meglio se tutto è in armonia.

	Data	Note
I Prova		
II Prova		
III Prova		
IV Prova		
Ritiro		

Ogni sposa dovrebbe indossare il giorno del proprio matrimonio anche questi oggetti secondo la tradizione:

- qualcosa di *vecchio*: indossare qualcosa di vecchio simboleggia il legame della sposa con il suo passato e tutto ciò che c'è stato prima del matrimonio;
- qualcosa di *nuovo*: la rappresentazione della nuova vita che attende la sposa;
- qualcosa di *blu*: il blu in passato era il colore associato alla purezza e alla sincerità;
- qualcosa di *regalato*: la cosa regalata sarà il simbolo dell'affetto che le persone vicine alla sposa provano per lei;
- qualcosa di *prestato*: questo oggetto simboleggia la vicinanza alla sposa anche in un momento delicato di passaggio dal vecchio al nuovo.

	Negozio	Prezzo
Abito		

GLI ACCESSORI DELLA SPOSA

Nonostante tu abbia già scelto l'abito da sposa, ora dobbiamo definire tutti gli accessori che andranno a completare il quadro, quali:

- il velo da sposa;

- l'intimo;

- le scarpe;

- i guanti;

- il coprispalle;

- il cappello;

- i gioielli;

- la borsetta;

- l'ombrello.

Ora ne andiamo a vedere singolarmente i vari aspetti.

Il velo è una parte molto importante dell'abito da sposa e si dice che deve essere lungo un metro per ogni anno di fidanzamento. Dona alla sposa un tocco di estremo romanticismo ed un alone di mistero che lascia sempre lo sposo a bocca aperta.

In passato il velo veniva usato per nascondere la sposa agli occhi dello sposo finché la funzione non fosse terminata, e solo allora, quando ormai lo sposo non si poteva più tirare indietro, vedeva la sua sposa. Molte leggende narrano anche che il velo proteggeva la sposa dagli spiriti maligni ed invidiosi.

Attualmente la scelta del velo è molto vincolata allo stile dell'abito e del matrimonio stesso, infatti se facciamo un matrimonio Rockabilly non indosseremo mai un abito con un velo di tre metri, ma forse opteremo per un velo corto o per le più sfrontate solamente una veletta.

Comunque il velo sarà più corto davanti e lungo dietro, ma non più di tre metri a meno che non ci siano le damigelle a sorreggerlo. Di norma viene bloccato sull'acconciatura con dei pettinini o con un diadema, sarà quindi fondamentale poi parlarne con l'Hair Stylist per definire il posizionamento corretto.

Nonostante molti taboo siano stati infranti, il velo rimane parte integrante della funzione religiosa, quindi non è indicato indossarlo durante le unioni civili o i riti simbolici.

Il velo dovrà essere portato dall'uscita da casa fino alla fine della funzione religiosa. Una volta arrivati alla location del ricevimento di norma viene tolto, se volete potete portarlo anche durante l'aperitivo ma dovrà essere obbligatoriamente tolto prima di accomodarsi per il pranzo/cena a placè.

Vediamo ora nel dettaglio i vari tipi di velo che possiamo trovare in atelier:

- la veletta. È il velo più corto che si possa trovare. Non cade sul retro ma scende sul davanti coprendo il viso fino agli occhi, raramente arriva fino al mento. Viene fissato con un pettinino all'acconciatura, con un cappellino oppure con il fashinator. Questo tipo di velo deve essere in linea con l'abito scelto, infatti si presta molto su abiti corti anni Cinquanta oppure sui Tailleur;

- il velo alle spalle: è un velo che scende sul retro fermandosi sulle spalle. Viene scelto su abiti con le spalle scoperte, così da non dover usare stole quando sarete in chiesa. Non usatelo se avete una figura prestante perché potrebbe risultare troppo corto e piccolo;

- il velo al gomito: è un velo che ricade all'indietro arrivando fino ai gomiti e lasciando scoperta vita e fianchi. È molto adatto per le figure minute oppure per le forme a clessidra;

- il velo alla vita: è un velo che arriva fino alla vita ed è molto adatto per le figure longilinee. Evitatelo se avete fianchi molto pronunciati oppure se non siete molto alte;

- il velo ai fianchi: è il velo che si addice alle figure più prosperose ed è, tra quelli corti, l'unico che si presta ad avere la parte che cala sul davanti;

- il velo classico: è un velo che calerà fino ai piedi risultando molto pratico e non limitante nei movimenti. È da evitare se non si è molto alte oppure se l'abito ha uno strascico più lungo;

- il velo a cappella: è un velo che arriva a terra e non supera i tre metri e mezzo. Può essere sorretto da paggetti e damigelle ed è buona norma seguire la regola degli opposti, ovvero, se l'abito è molto ricco il velo dovrà essere più semplice e viceversa;

- il velo cattedrale: è il velo più lungo che si possa indossare, necessita obbligatoriamente delle damigelle o dei paggetti e va indossato solo se la cerimonia si svolge in luoghi sontuosi e ampi. Se vi sposate in una piccola chiesetta vi sconsiglio di indossarlo in quanto per mancanza di spazio verrebbe sacrificato;

- la mantiglia: velo che si rifà alla tradizione spagnola

Passiamo ora al fatidico intimo da sposa. È usanza comune pensare che la sposa sotto il suo abito porti una lingerie estremamente sexy e pronta per la prima notte di nozze, ma come ben sappiamo la realtà spesso si discosta moltissimo dall'immaginario comune.

L'intimo della sposa dovrà essere molto "invisibile" infatti di norma si prevede una lingerie color nude e senza cuciture, così da farla sparire sotto l'abito.

Ovviamente l'intimo va acquistato subito dopo la scelta dell'abito da sposa così da poter scegliere il modello più adatto ma non più tardi della prima prova, nel quale le sarte prenderanno le misure semi- definitive del vostro abito e dove, all'occorrenza, cuciranno il reggiseno direttamente nel corpetto.

Lo slip dovrà essere tagliato al laser o comunque senza cuciture, soprattutto se indossato con modelli molto aderenti come quello a Tubino, a Sirena o a Sottoveste. Se invece avete optato per un modello con gonna ampia si possono scegliere anche modelli in pizzo o con decorazioni, ma fate attenzione che siano confortevoli e non stringano da nessuna parte.

Il reggiseno deve sostenere ed essere totalmente invisibile sotto ogni tipo di abito. Consultatevi con la responsabile dell'atelier per scegliere il più adatto. Esiste un reggiseno per ogni tipologia di scollatura ma vi consiglio di non usare le spalline trasparenti in silicone che creeranno degli antiestetici solchi e segni rossi sulla pelle.

Prevedi in valigia un intimo sexy per la prima notte così da non deludere le aspettative dello sposo.

Le scarpe, come tutto il resto dei vari dettagli, devono essere in totale armonia con il resto.

La tradizione vuole che le scarpe della sposa siano chiuse, ma comunque scollate, indipendentemente dalla stagione in cui ci si sposa. Dovranno essere in tessuto, ancora meglio se dello stesso tessuto dell'abito da sposa, ma nel caso non fossero di tessuto almeno dello stesso identico colore. Non dovranno avere né punte né tacchi esagerati.

Fortunatamente la vecchia guardia non fa più caso a questi piccoli dettagli, quindi via libera a colori differenti, a tacchi alti e punte.

Le scarpe dovranno essere comode, ricorda che una sposa passerà circa undici ore in piedi, quindi non esagerare con il tacco. Se volete prevenire il dolore al piede, vi consiglio di usare i cuscinetti in gel che daranno sollievo alle piante e vi consentiranno di godervi a pieno la giornata. Se non volete rinunciare al tacco alto, vi consiglio di accompagnarlo ad un piccolo plateau nascosto, ma mi raccomando, quest'ultimo non deve superare mai i tre centimetri.

Mi raccomando, la scarpa dovrà essere perfettamente inglobata nel contesto del matrimonio e soprattutto in linea con il vestito. Mai, per esempio, indossare dei sandali sotto un abito da principessa! Hai mai visto una principessa andare al ballo con il sandalo? Anche no!

Una scarpa che è assolutamente vietata è la zeppa o lo zatterone che non va usata neanche se il matrimonio è ultra informale, in riva al mare o in spiaggia.

Un'altra attenzione che bisogna avere è la proporzione con il futuro sposo, per carità se lui è alto 1.50 e voi 1.80 c'è poco da fare, ma se siete più o meno alti uguali sarebbe scortese svettare sul futuro sposo, quindi cercate una via di mezzo. Anche l'uomo può aumentare la sua statura sai? Può indossare dei rialzi completamente invisibili che lo faranno crescere anche di sette centimetri.

Se volete indossare scarpe basse mi raccomando di fare attenzione alle proporzioni della gonna del vestito. Più essa è ampia e più la scarpa deve acquistare centimetri. Le ballerine sono concesse solamente se siete alte e longilinee e soprattutto si possono indossare solamente sotto Tailleur o abiti corti. Se invece indossate un modello da principessa non possono essere indossate neanche se siete alte un metro e settanta.

Ribadisco il fatto, che secondo il bon ton ed il galateo, la donna in occasioni formali deve obbligatoriamente indossare le calze, che siano esse velatissime e invisibili vanno indossate anche in agosto. È buona cosa non indossare calze a rete o troppo lavorate sotto gli abiti più aderenti, in quanto potrebbero vedersi sotto i tessuti lisci e scivolati. Eviterei anche di indossare calze troppo chiare per evitare l'effetto infermiera anni Quaranta.

I guanti stanno ritornando in voga in questo ultimo periodo, analizzeremo insieme le varie tipologie che troviamo sul mercato analizzando anche i pro e i contro di ogni modello. Ovviamente è superfluo dire che il guanto non sta bene a tutte e soprattutto non è adattabile ad ogni modello di abito, anzi ogni modello di abito ha la sua tipologia di guanto.

Il *guanto lungo* è uno dei più eleganti che spesso troviamo indossato dalle principesse Disney e di solito sono alti fino sopra al gomito. Donano un effetto elegante e raffinato e sono molto adatti per gli abiti principeschi, ovviamente senza maniche e con il decolté molto scoperto. Possono essere di raso oppure di velo. Il guanto lungo viene fatto anche senza dita ma con un anellino invisibile che blocca il guanto al dito medio. Vengono usati per situazioni meno formali.

Il *guanto medio* è quello che non arriva al gomito o a mala pena lo sfiora e può essere indossato in situazioni meno formali e su abiti lunghi e corti. Sono i guanti più versatili.

Il *guanto corto* è molto raffinato e romantico, nonostante sia molto modaiolo è al tempo stesso anche un tocco di bon ton molto spiccato. Il guanto corto è adatto sia per abiti corti anni '50 sia per i lunghi principeschi, se l'abito ha corpetti in pizzo o ramage sarebbe il caso di riprendere lo stesso tessuto anche per la realizzazione dei guanti.

Il guanto corto si può realizzare anche senza le dita.

Il galateo ci detta delle regole precise sull'uso dei guanti, vediamole nel dettaglio.

I guanti vanno indossati fino all'arrivo del luogo della celebrazione e vanno tolti prima che la cerimonia inizi. I guanti vanno tolti con movimenti lenti e armoniosi, si tira leggermente la parte finale del dito indice per poi proseguire con le altre dita fino a sfilarli completamente. I guanti ormai sfilati vanno poggiati sull'inginocchiatoio e mai più indossati per tutto l'evento. Mi raccomando anche i guanti senza dita vanno sfilati e non indossati fino al termine, questo per lasciar libera la mano ed evidenziare la fede.

Questo accessorio è sconsigliato nei periodi molto caldi in quanto con il sudore si potrebbero appicciare alla pelle, rendendo difficile l'operazione di toglierseli.

Passiamo ora al coprispalle. Se avete deciso per il rito religioso ma indosserete un abito scollato che lascia nude le spalle, bisogna pensare ad un coprispalle adeguato. Vediamo insieme i modelli che troviamo in atelier:

- la mantella, adatta soprattutto al periodo invernale. Potrà essere corta o lunga, quest'ultima va indossata solamente se siete alte e dovete fare attenzione che si sposi bene con lo stile dell'abito che avete scelto. La mantella esclude l'utilizzo del velo;

- il bolerino, adatto in primavera, copre spalle e braccia senza essere troppo impegnativo. Si adatta a tutti gli abiti senza spalline;

- l'anello, è un coprispalle ad anello che si posiziona appena sotto le spalle. Per la sua forma poco confortevole è il modello meno utilizzato;

- la giacca, è un modello che sta bene un po' su tutte le figure. Essendo molto strutturata non si armonizza con i modelli scivolati;

- lo scialle, è un modello molto romantico e facendolo girare intorno alle braccia ci consente, qualora avessimo qualche inestetismo, di coprirle. Questo farà la staffetta con il velo, in quanto uno esclude l'altro. Potete quindi indossare il velo fino all'arrivo nel luogo del ricevimento per poi indossare solamente lo scialle;

- la stola, è una delle scelte più gettonate per la sua praticità e freschezza. Si utilizza anch'essa in sostituzione al velo o, come spiegato per lo scialle, si indossa quando si toglierà il velo.

Sono poche le spose che rinunciano al velo a favore del cappello. Prima però di avventurarci nella scelta del cappello dobbiamo dare un'occhiata all'etichetta.

La scelta di indossare il cappello può vincolare le nostre invitate, infatti lo possono indossare solamente se la sposa, o la mamma della sposa, lo indossano, in caso contrario non possono indossarlo.

Va tenuto per tutta la cerimonia, anche se essa è religiosa e può essere mantenuto anche per il ricevimento. Mi raccomando il cappello va indossato solamente nei ricevimenti che si svolgeranno di giorno, se sono ricevimenti estivi può essere tenuto solamente fino alle ore 18:00. Nei ricevimenti invernali il cappello va tolto nel primo pomeriggio.

Ora vediamo le varie tipologie di cappelli adatti ad una sposa.

Il *cappello di paglia* è uno dei meno usati in quanto poco elegante e adatto solamente ai ricevimenti in spiaggia. Necessariamente dovrà essere bianco ed in caso si ritenesse opportuno si potranno aggiungere dettagli colorati in tema con il matrimonio.

Il *cappello a falde larghe* è tornato ad essere il più scelto dalle spose.

Risulta molto elegante ed è molto adatto ai ricevimenti shabby e country, donando quel tocco di stile necessario a rendere tutto molto elegante. Mi raccomando va indossato senza velo o strascico e solamente con abiti corti o al massimo lunghi alla caviglia.

Il *cappello con veletta* sta tornando molto di moda, visto il grande ritorno agli eventi anni '50. È uno di quegli accessori che dà un tocco di mistero al viso della sposa, nonché un'eleganza fuori dal comune. Va indossato su abiti in stile e non su abiti con strascichi molto lunghi o abiti super pomposi.

La *cuffietta* è uno dei cappelli meno usati, viene realizzato in materiale elastico così da potersi adattare benissimo al capo della sposa. Volendo gli si può applicare anche il velo con un pettinino che poi verrà rimosso durante il ricevimento.

Ecco alcune regole per non trovarsi in difficoltà con il cappello. Al momento delle foto bisogna alzare un po' il mento per non avere il viso offuscato dalla falda del cappello. Bisogna fare sempre movimenti molto lenti per evitare di colpire invitati e sposo e soprattutto indossatelo solamente se ve lo sentite calzare a pennello, altrimenti vi sentirete impacciate e fuori luogo.

Passiamo ora ai gioielli da scegliere per il grande giorno. Come fare a scegliere il gioiello giusto? Basta armonizzare il tutto, ovviamente dobbiamo tener presente abito e acconciatura che saranno i soli che detteranno le regole.

Partiamo subito dalla cosa più importante, sulla mano sinistra non deve esserci nulla, solamente la fede nuziale già densa di significato. Viene concesso di indossare al ricevimento l'anello di fidanzamento sopra la vera nuziale.

Se si ha un abito molto vistoso è bene non indossare nulla di più, se invece l'abito è semplice bisogna districarsi tra le varie combinazioni.

Con un abito molto scollato è bene scegliere una collana e un orecchino punto luce se si hanno i capelli sciolti, altrimenti con un capello raccolto si può pensare anche ad un orecchino pendente.

Con un abito poco scollato è bene scegliere solamente l'orecchino, sempre con le modalità sopra descritte. Vi ricordo sempre che il gioiello non deve essere molto vistoso se il matrimonio avviene di giorno, mentre se il matrimonio è serale e prevede un party finale si può pensare a qualcosa di più evidente oppure al cambio dei gioielli in previsione del party.

Molte spose hanno messo da parte l'utilizzo delle perle, ma se non regalate, si possono indossare tranquillamente, in quanto donano un carattere romantico ed elegante. Ovviamente le perle si devono saper portare e soprattutto devono essere tutte della stessa dimensione, perché quelle di dimensioni differenti sono riservate alle persone di alto rango.

Alle spose è vietato portare l'orologio e qualsiasi tipo di bracciale troppo vistoso, se poi vi è la presenza dei guanti il bracciale è proprio out.

Per quanto riguarda la borsa della sposa, il bon ton non la prevede, ma se proprio non possiamo farne a meno dobbiamo preferire un modello a clutch di dimensioni molto ridotte. Ovviamente questa verrà custodita dalla damigella d'onore fino al termine della cerimonia.

Per le spose che si apprestano a dire il fatidico sì nella stagione invernale è necessario pensare al "caso pioggia" e munirsi di un ombrello bianco e di ottima fattura, così da non avere problemi nel caso di una pioggia più insistente.

	Negozio	Prezzo
Scarpe		
Intimo		
Calze		
Cappello		
Borsetta		
Velo		
Coprispalle		
Gioielli		
Ombrello		

IL CAMBIO D'ABITO

Il cambio d'abito sembra essere un gesto di estrema vanità, invece è un'usanza che c'era anche ai tempi delle nostre nonne e con il tempo andò in disuso. Le sposine di un tempo, infatti, prevedevano già due abiti, il primo per la cerimonia in chiesa ed il secondo era quello con cui la sposina partiva per il viaggio di nozze e che veniva indossato poco prima del taglio della torta.

Questa usanza era caduta in disuso in quanto moltissime spose, non partendo immediatamente per il viaggio di nozze, non ritenevano necessario il cambio d'abito.

In questi ultimi anni stiamo osservando un cambio di rotta, ovvero, le nostre sposine prevedono un cambio d'abito, poco prima del taglio della torta, così da avere una mise più adatta al party serale e all'apertura delle danze.

Se invece non prevedete un cambio d'abito per le danze, vi consiglio comunque di portare un secondo outfit nel caso accadesse un problema irrisolvibile al vostro magnifico abito da sposa. Sicuramente ci sarà un momento di panico, ma alla fine sarete comunque perfette perché avete predisposto un piano B. Consiglio di fare lo stesso ragionamento anche con l'abito dello sposo, magari con una camicia di ricambio ed un pantalone di riserva.

Ora vediamo come gestire il cambio d'abito della sposa. In primis dobbiamo pensare al momento giusto, di certo non possiamo farlo tra una portata e l'altra ma bisogna studiare il momento con il responsabile del catering o della location e con chi si occupa dell'animazione.

Ci sono due momenti in cui si può effettuare il cambio d'abito e sono:

- all'arrivo in location;
- prima del taglio della torta.

Ovviamente vi sconsiglio di effettuare il cambio d'abito dopo il taglio della torta, in quanto, molti invitati potrebbero lasciare la festa e sicuramente si ritroverebbero ad attendere il vostro ritorno.

Ogni cambio d'abito deve obbligatoriamente prevedere una piccola modifica all'acconciatura e una breve ritoccatina al make-up, quindi parlatene con il vostro parrucchiere e con la make-up artist per farvi dare i costi di questo ulteriore servizio.

Sconsiglio comunque di effettuare molteplici cambi d'abito, in quanto rischiereste di perdervi dei momenti importanti del vostro giorno e soprattutto gli invitati passerebbero molto tempo in attesa degli sposi.

Vediamo ora come scegliere l'abito giusto. Se per la cerimonia avete optato per un abito principesco e pomposo per il cambio d'abito potreste optare per un modello corto con gonna a palloncino e bolerino ricamato. Se invece avete scelto un abito scivolato oppure un taglio ad impero potreste stupire i vostri ospiti con un tubino oppure un abito corto pomposo. Comunque la regola è "abito nello stesso mood del matrimonio, ma diverso dal primo".

	Negozio	Prezzo
Abito		
Scarpe		
Intimo		
Coprispalle		
Servizi extra		

	Negozio	Prezzo
Trucco		
Acconciatura		

SCELTA DEI VESTITI DELLE DAMIGELLE E DEI PAGGETTI

Dopo aver scelto l'abito da sposa puoi scegliere i vestiti delle damigelle e dei paggetti.

Molto spesso si pensa alle damigelle come alle bimbe piccoline della famiglia che traballanti accompagnano la sposa all'altare, ma sta tornando di moda la presenza di damigelle grandi, molto spesso le amiche della sposa. Quindi la prima domanda da porsi è: *damigelle piccole o damigelle grandi?*

Per la scelta del loro vestito è ovviamente escluso il colore nero ed il colore bianco. I vestiti troppo sexy andrebbero evitati soprattutto se parliamo di un matrimonio religioso. Si possono indossare anche abiti corti al ginocchio se il ricevimento è di giorno, se invece è di sera è d'obbligo il vestito lungo. Per le damigelle spesso si pensa allo stesso vestito per tutte, ma eviterei questa scelta in quanto non a tutte le forme sta bene lo stesso taglio, quindi vada per lo stesso colore ma con modelli differenti.

Quando si hanno le damigelle bisogna pensare anche a dei Wedding corsage, ovvero dei bracciali floreali composti con gli stessi fiori del bouquet della sposa. E non bisogna dimenticare l'accessorio speciale, come una collana, abbinato all'abito e regalato dalla sposa alle sue damigelle.

Ecco alcune domande per orientarvi meglio.

1. Colore dell'abito?

2. Lungo o corto?

3. Modello?

4. Tessuto?

5. Soprabito?

6. Scarpe?

7. Accessori?

Come per le damigelle, la moda sta cambiando anche per i paggetti. Tutti ci aspettiamo dei piccoli bimbi nel loro abito nuovo che accompagnano la sposa e che poi consegnano le fedi, invece no, anche qui si sta usando sempre di più la formula dei paggetti grandi, di solito amici degli sposi. Anche qui vi propongo la medesima domanda posta sopra per le damigelle. Paggetti piccoli o grandi?

Appena si ha ben chiara la scelta puoi proseguire con la scelta dell'abito da fargli indossare.

Se optate per i piccolini ovviamente dovete scegliere qualcosa di comodo, quindi eviterei le scarpe nere lucide e rigide che si sfileranno a metà cerimonia. Un'attenzione maggiore va fatta sulla scelta del tessuto in base alla stagione in cui si celebrerà il matrimonio.

Ricordatevi anche che la scelta dei vestiti di paggetti e damigelle deve rimanere in tema con lo stile del matrimonio.

1. Colore dell'abito?

2. Modello?

3. Tessuto?

4. Cravattino o papillon?

5. Ricami e strass?

6. Soprabito?

7. Scarpe?

8. Accessori?

In questa tabella possiamo segnare tutti gli appuntamenti per visitare gli atelier o le sarte che si occuperanno dei loro outfit.

Atelier	Data e ora

Scelti gli abiti ora non manca che segnare i vari appuntamenti.

Prove damigelle	Data	Note
I Prova		
II Prova		
III Prova		
IV Prova		
Ritiro		

Prove paggetti	Data	Note
I Prova		
II Prova		
III Prova		
IV Prova		
Ritiro		

Non dimenticarti di segnare il budget speso nella tabella iniziale!

Vediamo anche il ruolo che i paggetti e le damigelle dovranno avere all'interno del rito.

Il paggetto che porterà gli anelli entrerà in chiesa prima degli sposi, da solo oppure in compagnia di una damigella. Se vi fossero altre damigelle si andranno a posizionare davanti alla sposa, ma dietro al paggetto. Di solito viene dato loro un cestino con i petali da lanciare lungo la navata centrale. Vengono sistemati tutti a coppie di due e ordinati in base all'altezza, se sono abbastanza grandi possono essere posti dietro la sposa a sorreggerle il velo. Una volta arrivati all'altare andranno a sedersi vicino ai testimoni oppure vicino ai propri genitori. Nel momento in cui sarà finita la celebrazione tutti riprenderanno la formazione per l'uscita. Da quel momento i paggetti e le damigelle sono libere da impegni, fin quando non dovranno aiutare gli sposi a consegnare le bomboniere a fine ricevimento.

Le damigelle d'onore, ovvero le damigelle grandi d'età, non devono essere più di otto.

Se sono meno di tre, apriranno il corteo nuziale entrando singolarmente a distanza di qualche metro. Se sono in numero pari, entreranno a coppie sempre a distanza di qualche metro dalla coppia precedente. Se invece fossero dispari entrerà la prima damigella e le successive procederanno a coppie.

Tradizione vuole che per ringraziarli del proprio aiuto vengano omaggiati di un piccolo dono.

DEFINIRE I FORNITORI

Ora sei pronta per definire chi saranno i fornitori per l'evento, poi vedremo nel dettaglio singolarmente ognuno di essi. Sicuramente puoi avvalorarti dell'uso di app molto note come *Matrimonio.com* o puoi andare a visitare delle fiere di settore per conoscere di persona moltissimi fornitori e avere già un primo contatto con loro. In questo momento serve solo una lista dei possibili fornitori che ti piacerebbe avere al vostro matrimonio. Dopo di che svilupperemo singolarmente ogni voce così da entrare nel dettaglio e consentirti di effettuare una scelta più accurata.

Fornitori	Nome
Musica chiesa	
Studio Grafico	
Negozio Bomboniere	
Catering	
Pasticceria	
Albergo	
Fotografo	
Videomaker	
Musica Location	
Animazione	

Fornitori	Nome
Baby sitting	
Fiorista	
Auto	
Estetista	
Make-up artist	
Acconciatore	
Agenzia di viaggio	

Anche qui c'è da stare attenti alle sorprese. Per ovviare il problema è fondamentale formulare dei preventivi e dei contratti super dettagliati, il primo ci servirà per valutare attentamente le proposte fatte, il secondo sarà l'elenco delle cose per il quale state pagando, quindi non vi preoccupate di fare i pignoli e fatevi scrivere tutto.

Ci sono due cose sulle quali gli sposi hanno spesso dei problemi e sono: l'acconto e la caparra.

Il primo viene versato dando una piccola parte del dovuto e non vincola nessuno. Se qualcuno cambia idea viene restituito e tutto si risolve. Entrambi sarete liberi di chiedere un risarcimento danni per il mancato servizio. Il secondo, la caparra, è una somma che garantisce un impegno da entrambe le parti. Questa funziona da garanzia; se voi vi tirate indietro il fornitore tratterrà la somma, se invece fosse lui a tirarsi indietro vi dovrà restituire il doppio di quanto versato. Se tutto procede per il meglio la somma versata da caparra verrà detratta dalla somma dovuta.

TORNIAMO AGLI INVITATI

Ora dobbiamo affrontare un dettaglio molto importante. Vi sono ospiti che vengono da lontano e quindi hanno bisogno di pernottare in una struttura durante il vostro matrimonio? Se la risposta è affermativa puoi scrivere in questa tabella il nome della famiglia e i membri che la compongono e la tipologia di stanza che preferiscono.

Famiglia	Adulti	Bambini	Tipologia di stanza

Famiglia   Adulti   Bambini   Tipologia di stanza

Famiglia   Adulti   Bambini   Tipologia di stanza

Ora che hai pensato a chi ha bisogno di *alloggio*, devi trovare una struttura vicina alle varie location o comunque vicino ad alcuni parenti, per rendere agevole la permanenza e gli spostamenti. Pensa innanzitutto alla struttura ricettiva.

Quali strutture ci sono nelle vicinanze?

Nome	Indirizzo	Telefono	Costo

Prima di andare a richiedere il preventivo e la disponibilità delle stanze verifica insieme agli ospiti le relative necessità.

- Vi sono bambini molto piccoli? Età?
- I bambini hanno necessità di culle o lettini singoli?
- Preferite un B&B, una mezza pensione o una pensione completa?
- Vi sono disabili?
- I vostri ospiti hanno necessità particolari?
- Che stanze gradiscono?
- Vengono con la propria auto o bisogna prevedere dei transfer?
- Hanno necessità di parrucchieri e truccatrici?
- Ci sono persone con problemi alimentari o richieste particolari?

In linea di massima tutte le indicazioni necessarie sono in questa lista, poi ovviamente possiamo avere delle necessità che differiscono da caso a caso.

Ora devi provvedere alla scelta dei *transfer* qualora i vostri ospiti non venissero con i propri mezzi e qualora non vi fosse la possibilità che parenti o amici si offrissero di accompagnarli.

In primis dobbiamo riflettere se mettere a disposizione una navetta comunitaria oppure creare dei transfer singoli,

Pensa a chi rivolgerti e soprattutto verifica i costi.

Nome	Indirizzo	Telefono	Costo

Nonostante il galateo voglia che i futuri sposi offrano l'alloggio a tutti gli invitati, non tutti ci possiamo permettere il matrimonio come i reali d'Inghilterra. Quindi si fa quel che si può!

Se il costo del pernotto e del transfer per voi è un costo molto elevato potete, tranquillamente, aiutare i vostri ospiti a trovare degli alloggi ed aiutarli nell'organizzazione del viaggio. Magari "sbattervi" un pochino per cercare di ottenere delle tariffe vantaggiose per loro e, se volete, potete far trovare loro in camera una Welcome Bag con prodotti tipici, cartoline, guide turistiche e tutto ciò che vi venga in mente.

Ogni ospite apprezzerà il gesto!

Poi ricordatevi sempre che se un invitato ci tiene a voi attraverserebbe l'oceano pur di vedervi e stare con voi nel giorno più importante della vostra vita.

Soggiorni   Prezzo

LA MUSICA IN CHIESA

Questo capitolo è solo per coloro che hanno scelto di celebrare il rito in chiesa o con rito simbolico presso la location.

Già parlando con il parroco, qualche mese fa, abbiamo posto alcune domande riguardanti la musica quindi dovremmo già sapere se dobbiamo cercare un gruppo esterno o se ce ne consigliano di propri, in entrambi i casi dobbiamo scegliere.

Prima di passare alla scelta dei musicisti vediamo un pochino di cosa stiamo parlando.

Le tipologie di strumenti che si usano per la chiesa sono le seguenti:
- organo;
- violino;
- arpa;
- pianoforte;
- chitarra;
- flauto dolce;
- trio o quartetto d'archi.

Vi elencherò anche le musiche più usate in ogni singolo momento della celebrazione, ma ricordatevi sempre che sono solo delle linee guida e che potete mettere anche i Queen o La Marcia Imperiale di Star Wars per entrare in chiesa.

Ingresso sposa

- Marcia Nuziale, Wagner
- Alla Hornpipe, Haendel
- Marcia Nuziale, Mendelssohn
- Canone, Pachelbel

Ingresso sposo

- Corale bwv 147, Bach
- Trumpet Tune, Purcell
- Largo, Haendel
- Aria sulla IV corda, Bach
- Adagio, Vivaldi
- Marcia, Elgar

Alleluja

- Alleluja, Mozart
- Alleluja, Haendel

Offertorio (se svolto)

- Ave Maria, Schubert
- Ave Maria, Gounod
- Largo, Haendel
- Amazing Grace, Newton

Segno di pace

- Adagio, Vivaldi
- Aria sulla IV corda, Bach
- Corale bwv 147, Bach
- Gabriel's Oboe, Morricone

Comunione

- Panis Angelicus, Franck
- Ave Maria, Verdi
- Largo, Haendel

- Dolce sentire, Ortolani
- Laudate Dominum, Mozart

Firme

- Cantata 147, Bach
- Canone, Pachebel
- Gabriel's Oboe, Morricone
- Largo, Haendel
- Corale bwv 147, Bach

Uscita Sposi

- Marcia Nuziale, Mendelssohn
- Alla Hornpipe, Haendel
- Marcia Nuziale, Wagner
- Trumpet Tune, Purcell

Ora che sappiamo più o meno quali sono i momenti e le musiche non ci resta che ascoltarle e sceglierle, per poi in sede di colloquio con i musicisti chiedere espressamente dei video o degli audio dove riproducono queste musiche. Così facendo sapete già cosa vi faranno sentire il giorno del vostro matrimonio.

In questa sezione andremo ad indicare i contatti ed i costi dei vari musicisti così da poter, in primis, confrontare e poi scegliere con sicurezza. Ma prima vi lascio una serie di domande da fare ai musicisti.

- Come facciamo per ascoltare qualcosa di vostro? Avete un sito?
- Che tipo di esperienza avete?
- Se la chiesa non ha l'organo?
- I costi sono da considerarsi finiti?
- Ci sono costi di trasferta?
- È necessario il pagamento della SIAE?
- Quanto tempo prima bisogna prenotare?
- Possiamo scegliere in autonomia i brani?
- C'è qualche brano che non amate suonare?
- Di che strumenti disponete?
- Il prezzo varia in base al numero di brani suonati?
- Siete disposti a suonare anche per il ricevimento?

- Ci sono costi di spostamento da aggiungere?
- Siete disposti a suonare anche rock, pop e altro?
- C'è uno stile su cui andate forte?

Come avete visto molti musicisti possono seguirvi sia in chiesa e sia al ricevimento, così facendo si riescono anche ad ottimizzare le spese usufruendo di pacchetti completi. Se così non fosse, niente paura, più avanti parleremo approfonditamente della musica durante il ricevimento.

Nome	Indirizzo	Telefono	Costo

Ora non vi resta che scegliere il migliore e segnarlo qui sotto:

____

LA MUSICA AL RICEVIMENTO

La musica al ricevimento è a mio avviso uno dei punti focali dopo il menù, essa può trasformare il tuo evento in un disastro epocale oppure nell'evento dell'anno. Per questo vi consiglio di esaminare attentamente ogni candidato e per facilitarvi in questo arduo compito vi lascio come sempre le domande da fare al vostro artista.

- Che stili eseguite?
- Vi riconoscete di più in uno stile ben preciso?
- È possibile vedervi suonare? Se si dove?
- Avete già suonato nella location da noi scelta?
- Avete bisogno di un sopralluogo?
- Qualora la location fosse sprovvista di impianto acustico, provvederete voi a tutto?
- Di quanti componenti è composto il gruppo?
- Ci sono prezzi diversi in base a come viene composto il gruppo?
- Gli strumenti li fornite voi inclusi nel prezzo o dobbiamo considerare il costo del noleggio?
- Utilizzerete luci o effetti speciali come la macchina del fumo?
- Cosa indossate di solito durante l'esibizione?
- Quante ore sono incluse nel pacchetto?
- Nel caso gli ospiti fanno delle richieste, come ci si organizza?
- È possibile decidere in autonomia i brani da cantare?
- Farete anche un po' di animazione?
- Sarete voi ad occuparvi di interagire con gli sposi e coinvolgerli nel primo ballo, ingresso, ecc?
- Quanti eventi fate in un giorno?
- In caso di malattia o imprevisto come gestite la mancanza di un membro della band?

- Avete esigenze particolari per il cibo? e per gli orari?
- In caso di guasto della strumentazione, come gestite la cosa?
- Qual è la vostra politica di recesso? Come si gestiscono i pagamenti?
- Componiamo insieme la scaletta del ricevimento?
- Se avessi bisogno di un monitor per riprodurre dei video ne avete a disposizione?
- Prevedete una sola postazione o una esterna e una interna?
- Ci sono dei costi extra per la seconda postazione?

Sì, in effetti sembra un interrogatorio, ma come scrivevo qualche riga più su, è sempre meglio essere preparati ad ogni evenienza e sapere con precisione che i fornitori scelti per l'occasione siano preparatissimi a risolvere ogni problema.

Ora vedremo nel dettaglio i momenti importanti del ricevimento dove è necessario sottolinearne l'importanza con delle canzoni scelte appositamente.

I momenti in cui bisogna scegliere un sottofondo musicale ad hoc sono i seguenti:

- arrivo degli sposi;
- ingresso in sala degli sposi;
- ballo della sposa con il papà;
- ballo degli sposi;
- ballo dei consuoceri;
- lancio del bouquet;
- lancio della giarrettiera;
- taglio della torta.

Nella restante parte del ricevimento, ovvero aperitivo o welcome drink, banchetto, momento dei balli di fine festa, verranno scelte delle musiche adatte o comunque degli stili consoni al momento. Ecco un esempio: durante il banchetto, ovvero quando i nostri ospiti si sono appena accomodati dopo un lasso di tempo che li ha visti in piedi, accaldati e quant'altro, sicuramente non parteciperanno attivamente ai balli di gruppo. Bisogna sempre considerare che deve essere tutto molto equilibrato, a meno che non si hanno invitati Latino Americani che, a differenza nostra, possono ballare senza sosta.

Vi ricordo sempre che sono solo linee guida ed ogni evento sarà studiato su di voi e sulle vostre esigenze e non dettato dal "si fa così".

Ora possiamo addentrarci nella selezione del gruppo musicale. Vi ricordo di rimanere in tema anche con la scelta della musica, vi faccio un esempio, se pensate ad un ricevimento stile retrò di certo la musica non potrà essere l'ultima hit dell'estate che viene ballata su tutte le spiagge di Rimini.

Nome	Indirizzo	Telefono	Costo

Chi suonerà al tuo ricevimento nuziale?

____

Ricordati di segnare la spesa nella tabella, mi raccomando!

Qui segnerete le canzoni che non possono mancare al vostro matrimonio.

FOTOGRAFO E VIDEOMAKER

Nonostante siamo a 8 mesi dal grande giorno non possiamo non pensare al fotografo e all'operatore video che si occuperanno di rendere indimenticabile il vostro giorno. Sono le persone, a mio avviso, più importanti, perché saranno le uniche che ti permetteranno tra dieci anni di ripercorrere passo passo tutti i momenti del matrimonio.

Come al solito indicherò delle domande da porre all'operatore, ma prima bisogna pensare al tipo di servizio che si vuole ricevere.

Volete un fotografo *tradizionale* che vi accompagnerà durante tutto il matrimonio con scatti classici posati e che immortali tutti i momenti salienti dell'evento?

Volete un fotografo *da reportage* che vi immortalerà in scatti spontanei e senza pose?

Volete un fotografo *creativo* che sappia giocare con effetti speciali naturali e giochi di luce od ombre?

Ora che abbiamo chiaro il servizio che vi piacerebbe ricevere andiamo a vedere le domande fondamentali che si devono proporre all'operatore per non perdersi nulla per strada.

- Cosa comprende il servizio fotografico?
- Quanti scatti verranno effettuati durante l'evento?
- Quanti scatti verranno poi consegnati a noi?
- Che tempistiche ci sono per la consegna delle foto?
- È possibile visionare i suoi lavori? Dove?
- Ci sono dei costi extra per zone distanti dalla sua residenza?
- Come funziona il pagamento? acconto, rate e saldo?
- Quante ore durerà il servizio?
- Per i matrimoni serali che tipologia di luci usa?
- Si occuperà lei del servizio fotografico?

- Se ci sono inconvenienti come malattia o imprevisti come procedete?
- Verranno anche degli assistenti con lei?
- Che stile fotografico preferisce eseguire?
- Quanti eventi effettua al giorno?
- Si occuperà anche delle riprese video?
- Che tipo di album proponete? Prezzi?
- Come avviene la scelta delle foto?
- Che tipo di lavoro post produzione verrà eseguito?
- Ci darà tutti gli scatti eseguiti o solo quelli dell'album?
- Quante modifiche si possono effettuare sulle foto?

Qui di seguito vi lascio la tabella dove inserire i dati dei fotografi tra cui scegliere.

Nome	Stile	Servizio offerto	Costo

Ora che hai fatto anche ai fotografi l'interrogatorio saprai con certezza chi scegliere.

Fotografo scelto?

Non dimenticate di inserire il costo nella tabella iniziale!

Ora è il momento di esplorare il mondo del videomaker ovvero colui che eseguirà il video del nostro matrimonio. In primis dobbiamo domandarci sempre se vogliamo un video romantico, dai toni lenti e attimi salienti messi ben in evidenza oppure se preferiamo un video frizzante pieno di colori e musiche veloci e stimolanti, dove si riesce a far risaltare la gioia e la felicità del momento.

I video durano in media dai 15 ai 20 minuti quindi sarà fondamentale avere delle riprese ben fatte e scegliere il giusto accompagnamento musicale. Un tocco di novità si ha nell'inserimento di momenti "dal vivo" dove si sentono i brindisi, i discorsi, i ringraziamenti, gli applausi e quant'altro.

Di norma il videomaker consegna alla coppia di sposi anche un piccolo video di qualche minuto chiamato trailer come anticipazione al risultato finale. Bisogna anche tenere a mente che andranno selezionate una ventina di canzoni a voi care tra cui il videomaker andrà a scegliere quelle più adatte.

E non dimentichiamoci che il videomaker può fare anche le riprese con il drone, cosa ne pensate? È un servizio un po' costoso ma se siete all'interno di un castello sicuramente ne vale la pena non trovate?

Vi ricordo che molti sposi amano farsi fare il video della loro storia d'amore da far vedere il giorno del matrimonio. Addirittura, i più temerari, di nascosto dallo sposo o dalla sposa, si fanno creare un video ad hoc dove dichiarano tutto l'amore provato e tutta la gioia nel coronare questo sogno.
Certamente il budget salirà un pochino, ma sono tutte splendide idee.

Passiamo ora alle domande da fare al videomaker.

- Cosa comprende il servizio video?
- Come verranno effettuate le riprese durante l'evento?
- Quanti video verranno poi consegnati a noi?
- Che tempistiche ci sono per la consegna del video?
- È possibile visionare i suoi lavori? Dove?
- Ci sono dei costi extra per zone distanti dalla sua residenza?
- Come funziona il pagamento?
- Quante ore durerà il servizio?
- Per i matrimoni serali che tipologia di luci usa?

- Si occuperà lei delle riprese?
- Se ci sono inconvenienti come malattia o imprevisti come pensa di risolverli?
- Verranno anche degli assistenti con lei?
- Che stile di ripresa preferisce eseguire?
- Quanti eventi esegue al giorno?
- Che tipo di supporto mi verrà fornito?
- Come avviene la scelta delle musiche?
- Che tipo di lavoro post produzione verrà eseguito?
- Ci darà anche il video trailer?
- Costi per il servizio prematrimoniale?
- Costi per la creazione del video segreto?
- Quante correzioni si possono effettuare sul video?
- Quanto durerà il video?

Tutte queste domande ti consentiranno di selezionare il videomaker più adatto al vostro evento.

Nome	Stile	Servizio offerto	Costo

Adesso dovresti avere le idee chiare in merito alla scelta del videomaker.

Videomaker scelto?

Non dimenticare di inserire il costo nella tabella iniziale!

A seguire avrete uno spazio dove poter segnare le venti canzoni scelte per il video, le quali poi verranno comunicate al videomaker in fase di produzione.

Ora vedremo insieme alcuni servizi particolari che si possono richiedere. Eccone alcuni:

- il wedding reporter, un giornalista/fotografo vi accompagnerà per tutta la preparazione fino al grande giorno. Potrà poi creare un sito, un blog oppure un libro che poi potrà essere regalato agli invitati;

- marry-oke, sposi ed invitati faranno un video in playback della canzone degli sposi. Tutti questi spezzoni poi verranno montati insieme per completare tutta la canzone;

- the day after, scatti e riprese agli sposi il giorno dopo il matrimonio. I più estremi non ricorrono a trucco e parrucco ma si lasciano riprendere nello stato originale, mentre i più vanitosi fanno gli scatti dopo un piccolo restyling;

- trash the dress, una delle sessioni più estreme da effettuare il giorno dopo il matrimonio. Lo sposo e la sposa in questa sessione possono fare tutto ciò che non gli è stato concesso durante il matrimonio come bagnare, sporcare o distruggere gli abiti.

L'ANIMAZIONE

Rendere un matrimonio allegro e divertente, rimanendo in tema con tutto il resto, non è una cosa semplice e non è da sottovalutare. Vi lascio qui di seguito alcune delle idee che stanno andando per la maggiore:

- i trampolieri, vestiti da sposa e sposo che accoglieranno gli invitati all'ingresso della location e poi rimarranno ad animare la giornata. A volte li scelgono anche vestiti da farfalle, da regine del ghiaccio o da dame del '700. L'invitato avrà la sensazione di entrare in un mondo surreale e magico;

- il ballo sull'acqua, un artista creerà una coreografia all'interno della sfera galleggiante e sembrerà danzare sull'acqua;

- il Photobooth è un angolo con la cornice e un mini set dove i vostri ospiti potranno fare delle foto simpatiche usando parrucche, occhialoni, baffi finti, cappelli e molto altro;

- il caricaturista che farà le caricature ai vostri ospiti, magari munito del vostro logo e della vostra caricatura;

- il mangiafuoco stupirà tutti i vostri invitati con spettacoli di fuoco, alcuni anche molto estremi. È uno spettacolo adatto solo per alcuni stili di matrimonio;

- le ballerine potranno creare un ballo dedicato agli sposi o comunque delle coreografie che riprendano il tema dell'evento;

- i prestigiatori che con i loro spettacoli di micromagia stupiranno i vostri invitati girando per i tavoli della sala.

Queste sono solo alcune idee da poter inserire nell'evento, ma ve ne sono moltissime di personalizzazioni e di tipologie di intrattenimento. Basterà seguire il file rouge dell'evento e tutto sarà perfetto.

IL SITO WEB

La tecnologia è entrata nel matrimonio. Gli sposi più tecnologici potranno creare, o farsi creare, un sito web dedicato al loro matrimonio dove inserire tutte le informazioni pratiche quali:

- data e ora;
- luogo della cerimonia e del ricevimento;
- gli itinerari;
- hotel nelle vicinanze;
- i contatti;
- programma evento;
- lista di nozze.

Molti sposi amano condividere anche i preparativi con foto e video. Si possono inserire anche i racconti e aneddoti della coppia e le foto della proposta, del fidanzamento e dell'addio al nubilato/celibato. Più il conto alla rovescia.

Andiamo a vedere nel dettaglio come creare un sito web senza impazzire né essere maghi del pc. Basta saper scrivere su un foglio Word e affidarsi ai molteplici siti che ti permettono, anche gratuitamente, di creare il vostro sito del matrimonio. Fate attenzione a verificare che non vi siano costi nascosti o servizi aggiunti a pagamento non ben specificati.

Vediamo insieme cosa includono la maggior parte dei siti gratuiti che consentono di creare un sito web:

- temi personalizzati;
- editor semplici;
- possibilità di modificare ogni dettaglio in qualsiasi momento;
- modulo per la lista di nozze;
- gallerie di immagini;
- guestbook;
- possibilità di inserimento di video;

- moduli di contatto;
- mappa ed indicazioni stradali;
- opzioni multilingue;
- supporto tecnico in italiano.

I siti che ci consentono di creare gratuitamente il "sito del matrimonio" sono WIX, JIMDO, WEEBLY.

Tutti hanno degli editor molto semplici, basta solo far attenzione alla grafica. Iniziate inserendo le indicazioni più semplici per poi andare ad infiocchettare il tutto con aforismi, frasi e citazioni importanti.

I siti gratuiti hanno ovviamente delle pubblicità antiestetiche, quindi vi consiglio di pagare una quota annuale (molte volte irrisoria) per poi annullarla dopo che gli invitati avranno scaricato tutte le foto. Una volta che viene annullata la sottoscrizione annuale, il sito rimarrà visibile ma nella versione gratuita con le pubblicità. Per chi vuole c'è anche l'opzione di cancellare definitivamente il sito, ma è un'opzione che in pochissimi scelgono.

si

prima...

INDIRIZZI OSPITI

In questo capitolo andremo a preparare la lista degli indirizzi dei vari invitati così da poter spedire le vostre care partecipazioni. Se avete spedito i Save the Date dovreste già averli, nel caso non li abbiate spediti, proseguite con la lettura.

Se hai scelto di consegnarle a mano puoi passare oltre ma sicuramente ti occorrerà sapere dove abitano i tuoi invitati per poter consegnare loro la partecipazione.

Puoi passare oltre se hai organizzato un evento o se sfrutterai un'occasione di raccolta di tutti i parenti dove potrai consegnare loro, in blocco, le partecipazioni.

Si sta sviluppando sempre di più la moda della finta spedizione. Mi spiego meglio: vista l'incertezza della posta ordinaria, molti sposi, che non vogliono rinunciare alla bellezza di far recapitare per posta la partecipazione, si improvvisano postini lasciando la stessa nella buca delle lettere. Ovviamente tutto ciò può farlo solo chi abita nello stesso paese dei parenti o comunque a distanze accettabili.

Come fare per il timbro postale e per il francobollo? Esistono moltissimi stickers che riproducono fedelmente i francobolli, mentre per il timbro basta recarsi nei negozi che si occupano di scrapbooking e ne troverete moltissimi.

Ora è il momento di:

1. segnare gli indirizzi sul Libro degli Invitati;

2. acquistare i francobolli (se si vuole spedire tramite posta tradizionale);

3. segnare le spese sulla tabella iniziale.

DOCUMENTI E BUROCRAZIA DEL MATRIMONIO

Ora entriamo nel mondo burocratico del matrimonio.

Iniziamo a recuperare i documenti necessari per le future pubblicazioni.

Per il rito civile i due futuri sposi si devono recare presso il Comune di Residenza e richiedere all'ufficio dello Stato Civile due documenti importantissimi per iniziare l'iter burocratico:

- atto di nascita;
- certificazione contestuale di residenza, stato libero e cittadinanza.

Qualora uno dei due futuri sposi fosse divorziato deve allegare anche:

- la sentenza definitiva di divorzio.

Qualora si fosse vedovi bisogna allegare anche:

- il certificato di morte del coniuge defunto.

Ottenuti questi documenti sarà compito degli addetti comunali di elaborare la richiesta e richiamare i futuri sposi per il *Giuramento di matrimonio.*

Il Giuramento di matrimonio è un atto civile che ufficializza il passaggio da fidanzati a promessi sposi.

Questo Giuramento o più comunemente la *Promessa* di matrimonio, secondo l'articolo 79 del Codice Civile, è una libera dichiarazione dei futuri sposi a contrarre il matrimonio, ma senza l'obbligo alla celebrazione. Infatti qualora la Promessa non venga rispettata si verificano le seguenti conseguenze:

- Art. 80 del Codice Civile, si restituiscono i doni fatti
- Art. 81 del Codice Civile, si risarciscono i danni morali

Tutto ciò solamente se l'abbandono è avvenuto dopo le pubblicazioni.

Per effettuare la promessa di matrimonio bisogna recarsi presso il Comune e richiedere l'appuntamento, le tempistiche variano da Comune a Comune, quindi non entrerò nel merito, con i documenti d'identità e una marca da bollo. Qualora uno dei due coniugi fosse impossibilitato a recarsi in Comune è sufficiente avere una delega su carta semplice firmata dal coniuge e munirsi delle copie dei documenti d'identità del medesimo.

A questo punto, i funzionari comunali provvederanno ad elaborare tutte le carte necessarie per le pubblicazioni.

Una volta fatta la promessa, le pubblicazioni verranno esposte per 8 giorni nella casa comunale di residenza dei due sposi e saranno comprensive dei dati e delle generalità dei due futuri sposi.

Questa prassi avviene per far sì che chiunque ne abbia motivo possa opporsi.

Trascorsi gli 8 giorni gli addetti comunali rilasceranno il "nulla osta" in cui si dichiara che l'unione non ha opposizioni e che si può procedere al matrimonio nei successivi 180 giorni, pena la decadenza della validità dei documenti.

Se il matrimonio sarà religioso, prima di poter fare le pubblicazioni in Comune bisognerà ottenere il "nulla osta" dal parroco.

Vediamo nel dettaglio cosa bisogna fare.

I due sposi avranno bisogno di richiedere i seguenti documenti:
- Certificato di battesimo ad uso matrimonio da richiedere nella parrocchia dove si è stati battezzati;
- Certificato di cresima da richiedere nella parrocchia dove si è stati cresimati;
- Certificato contestuale ad uso matrimonio da richiedere in circoscrizione.

I certificati di cresima e battesimo, da poco, si possono reperire anche andando solamente presso la chiesa dove si è stati battezzati.

Ottenuti questi documenti il parroco preparerà le pubblicazioni, una per la parrocchia di lei, una per la parrocchia di lui e dopo due domeniche di affissione verrà rilasciato il "consenso religioso". Qualora si scegliesse una chiesa differente dalle due di appartenenza, bisognerà consegnare le tre pubblicazioni al Vicariato per farsi rilasciare il "nulla osta ecclesiastico" da dover consegnare nella chiesa dove si svolgerà il rito ed il parroco di quest'ultima vi rilascerà il "consenso religioso".

LA FESTA PER LA PROMESSA DI MATRIMONIO

Vista l'importanza di questo giorno e l'impegno che si è preso nel convolare a giuste nozze, perché non offrire un piccolo aperitivo o una colazione a genitori e testimoni?

Bisogna sempre organizzare per bene, partendo appunto dal colore classico della promessa di matrimonio, ovvero il verde. Questo perché il colore verde è il simbolo della speranza e quindi viene usato in tono augurale per una vita matrimoniale felice e duratura.

La tradizione vuole anche che il futuro sposo, il giorno della promessa di matrimonio, regali alla futura sposa un fascio di rose rosse contornate da un nastro verde, a simboleggiare l'amore e la passione verso di lei.

Mi raccomando, qualsiasi sia il modo in cui intendete festeggiare, non fatevi mancare:

- i confetti verdi;
- la torta per la promessa di matrimonio con dettagli verdi;
- sacchettini o bomboniere per chi parteciperà all'evento.

La tradizione vuole anche che il ricevimento sia organizzato dalla famiglia della futura sposa e che la suocera regali a lei il cimelio della famiglia da tramandare di generazione in generazione. Mentre la sposa dovrebbe regalare al futuro sposo un orologio d'oro o comunque pregiato oppure dei gemelli.

Se si organizza un pranzo o una cena i posti a sedere dovrebbero essere disposti in questo modo: gli sposi al centro del tavolo, con davanti i genitori della sposa. Al fianco di questi ultimi, uno a destra e uno a sinistra, siederanno i genitori dello sposo.

AUTO SPOSI

È arrivato il momento di iniziare a definire alcuni dettagli molto importanti, tra cui l'auto della sposa e l'auto dello sposo.

Quale sarà l'auto che vi accompagnerà in questo giorno così importante?

Siete più i tipi da una tradizionale berlina, come una Mercedes Classe E o una BMW serie 5 da un aspetto raffinato ed elegante, oppure volete qualcosa di più particolare, come una carrozza, un piccolo camper, un Volkswagen Van o una Vespa?

Volete stupire i vostri ospiti arrivando a bordo di un cavallino rampante? Se invece mirate al lusso sfrenato ecco che vi posso consigliare le limousine classiche oppure in stile diva di Hollywood una Hummer Limousine.

Se avete dato al matrimonio uno stile un po' retrò perché non salire a bordo di una splendida Fiat 500 o di un incantevole maggiolone cabrio?

Avete le idee più chiare sul vostro stile di auto? Allora corri a cercare i vari fornitori e a farti dare un preventivo ad hoc per le vostre esigenze.

Come al solito vi propongo delle domande da fare all'agenzia di noleggio per evitare spiacevoli inconvenienti.

- Quante ore dura il servizio?
- È comprensivo di assicurazione e benzina?
- Il prezzo è comprensivo di IVA?
- Auto d'epoca, ha l'autorizzazione a circolare?
- Qualora accadesse un incidente come ci si deve comportare?
- Qualora l'auto si rompesse come siete organizzati?
- Come sarà vestito l'autista?
- Cosa farà l'autista mentre gli sposi sono all'interno della chiesa?
- Il prezzo è orario, a chilometro o ad evento?
- Come avviene il pagamento?

- Bisogna valutare il percorso insieme prima di definire l'auto?
- L'auto verrà lavata e pulita internamente prima dell'evento?
- Bisogna concordare l'allestimento interno ed esterno?
- Ci sono extra da sapere?

Ora che avete le domande da proporre ai vari fornitori a voi la scelta!

Nome	Recapito	Macchina	Costo

Ora che hai definito le auto, non dimenticare di scegliere gli accessori che vuoi aggiungere, come ad esempio i barattoli, le scritte, le coccarde, i nastri e i fiori. Mi raccomando di non esagerare per evitare l'effetto pacco regalo. Non dimenticare di segnare il costo sulla tabella inziale.

Il galateo per la scelta dell'auto prevede delle regole ben precise, ovviamente ora queste regole non sono più un obbligo, ma c'è sempre chi ama seguirle, anche solo in parte:

- il costo dell'auto degli sposi è a carico della famiglia della sposa;
- è di cattivo gusto scegliere auto troppo grandi e maestose se il luogo della cerimonia è intimo;
- l'auto a due posti è permessa solo dopo la cerimonia, mentre per il tragitto dalla casa della sposa alla chiesa si richiede sempre un'auto classica;
- si possono applicare pochi decori esterni;

- i fiori andranno posizionati sul piano tra sedile posteriore e lunotto;
- la sposa prenderà posto sul sedile posteriore a destra mentre il padre a sinistra;
- il posto vicino all'autista deve rimanere vuoto;
- per l'ingresso in auto della sposa sarà l'autista ad aprire lo sportello;
- il padre salirà dopo la sposa;
- la sposa scenderà il più possibile vicino al sagrato;
- arrivati al sagrato, l'autista aprirà lo sportello al padre che a sua volta aprirà lo sportello alla sposa e la farà scendere porgendo il braccio destro.

VIAGGIO DI NOZZE

Passiamo al momento più entusiasmante di tutta la preparazione, la scelta del viaggio di nozze. Per prima cosa dovete scegliere dove andare sempre tenendo conto del vostro budget, della stagione, dei gusti personali e del tempo a disposizione.

Vi lascio un elenco suddiviso in base ai mesi con le mete consigliate e quelle sconsigliate.

Mese	Consigliati	Sconsigliati
Gennaio	Argentina, Brasile, Costa Rica, Hawaii, Isole Caraibiche, Kenya, Maldive, Messico, Singapore, Zanzibar	Africa dell'est, Amazzonia, Canada, Finlandia, Galapagos, Groenlandia, Madagascar, Mauritius, Mozambico, Svezia
Febbraio	Argentina, Costa Rica, Hawaii, Isole Caraibiche, Kenya, Maldive, Messico, Singapore, Zanzibar	Africa dell'est, Amazzonia, Canada, Finlandia, Galapagos, Groenlandia, Madagascar, Mauritius, Mozambico, Svezia
Marzo	Argentina, Costa Rica, Giappone, Hawaii, Isole Caraibiche, Kenya, Maldive, Messico, Singapore, Zanzibar	Africa dell'est, Amazzonia, Canada, Finlandia, Galapagos, Groenlandia, Madagascar, Mauritius, Mozambico, Svezia
Aprile	Australia, Egitto, Giappone, Hawaii, Maldive, Messico.	Africa dell'est, Amazzonia, Costa Rica, India, Kenya, Mauritius, Tanzania, Thailandia
Maggio	Australia, Egitto, Fiji, Giappone, Hawaii, Mauritius, Seychelles, Stati Uniti, Sudafrica	Amazzonia, Colombia, Costa Rica, Galapagos, India, Indonesia, Isole Caraibiche, Kenya, Panama, Sri Lanka, Thailandia, Venezuela

Mese	Consigliati	Sconsigliati
Giugno	Australia, Bali, Egitto, Europa Del Nord, Fiji, Hawaii, Italia, Isole Del Mediterraneo, Kenya, Scandinavia, Spagna, Stati Uniti	Africa, Messico, Colombia, Costa Rica, Filippine, India, Isole Caraibiche, Maldive, Nepal, Seychelles, Sri Lanka, Venezuela
Luglio	Alaska, Bali, Canada, Egitto, Europa Del Nord, Fiji, Hawaii, Italia, Isole Del Mediterraneo, Kenya, Scandinavia, Spagna, Stati Uniti	Africa, Messico, Costa Rica, Filippine, Florida, India, Isole Caraibiche, Maldive, Medio Oriente, Nepal, Thailandia, Venezuela
Agosto	Alaska, Bali, Canada, Fiji, Hawaii, Italia, Isole Del Mediterraneo, Scandinavia, Spagna, Stati Uniti	Africa, Messico, Costa Rica, Filippine, Florida, India, Isole Caraibiche, Maldive, Medio Oriente, Nepal, Thailandia, Venezuela
Settembre	Australia, Bali, Egitto, Europa Del Nord, Fiji, Giappone, Hawaii, Italia, Isole Del Mediterraneo, Mauritius, Polinesia, Scandinavia, Seychelles, Spagna, Stati Uniti	Africa, Messico, Costa Rica, Filippine, Florida, India, Isole Caraibiche, Maldive, Medio Oriente, Nepal, Thailandia, Venezuela
Ottobre	Australia, Brasile e Sudamerica, Canarie, Dubai, Emirati Arabi. Egitto, Fiji, Giappone, Hawaii, Mauritius, Polinesia, Seychelles, Stati Uniti	Africa dell'est, Amazzonia, Costa Rica, India, Isole Caraibiche, Kenya, Tanzania
Novembre	Australia, Brasile, Sudamerica, Dubai, Emirati Arabi, Egitto, Fiji, Hawaii, Malaysia Occidentale, Mauritius, Polinesia, Seychelles, Sudafrica	Alaska, Canada, Costa Rica, Finlandia, Groenlandia, Islanda, Svezia
Dicembre	Australia, Brasile, Sudamerica, Isole Caraibiche, Kenya, Seychelles, Sudafrica, Thailandia	Alaska, Canada, Costa Rica, Finlandia, Groenlandia, Islanda, Svezia

Per scegliere la vostra meta ideale, che sia un villaggio turistico, un viaggio on the road o semplicemente una capitale, mi raccomando di tenere sempre in considerazione:

- le condizioni climatiche per evitare piogge, monsoni e sbalzi di temperatura;

- le condizioni igienico-sanitarie, alimenti da evitare e profilassi vaccinale, nonché i medicinali consigliati ed i certificati medici, qualora servissero;
- le usanze del posto ed i comportamenti da avere durante le visite nei luoghi di culto;
- la valuta nazionale e le quote di cambio.

Ovviamente queste sono solo alcune direttive da seguire nel momento della scelta, ma nessuno vi impedisce di andare in Alaska nel periodo più freddo dell'anno, vi consigliamo solo di valutare bene alcuni fattori per non incorrere in una "vacanza stress" invece che in una "luna di miele".

Ora vi dirò alcune domande da fare all'agenzia di viaggio prima di scegliere la tua destinazione definitiva.

- L'assicurazione medica è inclusa? Quali sono i termini?
- In caso di disdetta come si procede?
- La franchigia per i voli (inclusi gli interni) è compresa?
- I visti sono compresi?
- Le prese di corrente sono compatibili con quelle europee o serve un adattatore?
- Ci sono leggi particolari da seguire?
- Che peso devono avere i bagagli? E le misure?
- È previsto il bagaglio a mano? Misure e peso?
- Ci sono limitazioni di oggetti o cose per l'ingresso nel paese?
- Ci sono limitazioni di oggetti o cose per l'uscita dal paese?
- L'albergo è vicino ai mezzi pubblici o al centro?
- Ci sono scali da fare durante il viaggio?
- Le escursioni sono comprese? Se non sono comprese, quali sono i loro prezzi?
- Viene fornito B&B, mezza pensione o pensione completa?
- Sono incluse le bevande alcoliche e analcoliche?
- È necessario un acconto per bloccare il viaggio? Se si qual è la percentuale?
- Gli spostamenti albergo / aeroporto sono inclusi?
- Come avviene il rimborso dei soldi in più versati sulla lista viaggio?
- All'interno della struttura il cibo sarà internazionale?

- Che tipo di servizi offrite per gli sposi?
- Sono previste scontistiche per gli sposi?
- Ci sono quote fisse minime o massine che i nostri invitati devono lasciare per la lista viaggio?
- Fino a quando può rimanere aperta la lista viaggio?

Ora non ci resta che scegliere!

Vi lascio uno spazio dove poter scrivere i vari preventivi di costi ottenuti dalle varie agenzie di viaggio, così da poterli confrontare in un colpo solo.

Agenzia	Destinazione	Giorni	Costo

Meta scelta

____

Itinerario

Itinerario

Cosa portare in valigia? Ecco qui un vademecum valido per quasi tutte le destinazioni.

Abiti (magliette, abiti, gonne, canottiere, intimo, maglioncini o felpe, camicie, pantaloni, cinture, tuta, pigiama, calze, scarpe, ciabatte, ciabatte doccia, accappatoio o telo doccia, infradito, sandali, costumi, prendisole, pareo, telo mare, scarpe da scoglio, pantaloni corti, cappello, bandana, borsa, borsa da mare, zainetto, giubbotto, kway, scarponi invernali, sciarpa, cappello invernale, guanti, paraorecchie, asciugamano bagno).

Accessori (pinne, maschera, boccaglio, occhiali da sole, attrezzatura da neve, ombrellino, smartphone, carica batterie, fotocamera con accessori, adattatori universali, presa multipla, bastone selfie, e-book reader, auricolari o cuffie, chiavette usb).

Medicine (terapie personali, tachipirina o similari, antiinfiammatorio, antistaminico, antidiarroico, antibiotico ad ampio spettro, cerotti, termometro, nastro medico, repellenti, medicinali per il mal di stomaco, medicinali mal d'aereo/nave/auto).

Beauty (crema solare, crema doposole, fazzoletti, dentifricio, spazzolino, collutorio, filo interdentale, phon, piastra per capelli, set unghie, cotton fioc, spazzola o pettine, shampoo e balsamo, gel o spuma per capelli, deodorante, profumo, pinzette, burro di cacao, salviette intime, disinfettante, creme corpo, tappi per le orecchie, creme viso, trucchi, salviette struccanti, accessori per capelli, assorbenti, salvaslip, schiuma da barba, lamette o rasoio, dopobarba).

Necessari (documenti di imbarco, documenti di identità, tessera sanitaria, carte di credito e bancomat, contanti, visto, ESTA o simili, assicurazione viaggio, guida turistica o mappa, cuscino da viaggio).

LISTA DI NOZZE

Prima di poter procedere ai passi successivi, dobbiamo fermarci un secondo a pensare alla lista di nozze.

Mentre prima gli invitati si dovevano impegnare moltissimo per cercare il regalo perfetto per la coppia, senza sapere né i loro gusti né il tipo di arredamento della loro futura casa, ora abbiamo questa magnifica opzione, dire già ai nostri ospiti cosa ci occorre e cosa desideriamo. Per molti è considerata una cosa sgarbata chiedere in dono qualcosa, mentre per altri è una cosa pratica, e noi siamo per la praticità. Sarebbe altresì poco utile trovarsi con due servizi di posate completi e poterne usare "in pratica" solo uno, oppure ricevere un quadro che fa a cazzotti con il nostro arredamento e tenerlo nascosto in soffitta.

Tornando a noi, oggi si usano tre differenti modi di presentare la lista di nozze, vediamoli insieme:

- conto corrente intestato agli sposi sul quale far confluire tutti i bonifici ricevuti;
- negozio fisico dove scegliere le cose che si vorrebbero;
- viaggio di nozze.

Per chi dovesse optare per la classica lista di nozze in un negozio fisico ecco una lista delle cose che non devono assolutamente mancare:

- servizio di piatti per 12 persone;
- servizio di posate per 12 persone;
- servizio da brodo per 12 persone;
- servizio da dolce per 12 persone;
- piatti da portata;
- zuppiere e salsiere;
- servizio da thè per 12 persone;
- servizio da caffè per 12 persone;

- servizio da frutta per 12 persone;
- coppette da gelato;
- coppe da macedonia;
- insalatiere e sale e pepe;
- servizio da colazione per 6 persone;
- servizio di posate da pesce per 12 persone;
- servizio di posate da portata;
- mestoli, pinze e coltelli;
- servizio di bicchieri da acqua per 12 persone;
- servizio di bicchieri da vino bianco per 12 persone;
- servizio di bicchieri da vino rosso per 12 persone;
- servizio di flûte per 12 persone;
- servizio da birra per 12 persone;
- servizio di bicchieri da amaro per 12 persone;
- brocche e secchielli per il ghiaccio;
- servizio di pentole;
- pentola a pressione;
- taglieri in legno;
- pirofile e teglie antiaderenti;
- bilancia di precisione;
- mestoli e coltelli da cucina;
- schiaccianoci;
- cavatappi e decanter.

Mi raccomando di non inserire mai il nome del negozio scelto all'interno delle partecipazioni, sarà cura degli sposi e dei genitori degli stessi indirizzare gli invitati in modo discreto al negozio scelto.

Quando andrete ad effettuare la scelta dei vari oggetti è bene chiedere al negoziante alcune specifiche, vediamole:

- I regali verranno consegnati uno alla volta o tutti insieme?
- Dobbiamo decidere dove verranno consegnati?
- Si possono ricevere il giorno prima del matrimonio?
- La consegna è gratuita?
- Ci sono supplementi per la distanza?

- Come si organizzano i pagamenti degli oggetti rimasti?
- Ci sono obblighi che è bene sapere?

Ricordo, inoltre, di cercare di inserire all'interno della lista di nozze oggetti che vadano a toccare tutte le fasce di prezzo così da permettere ad ogni invitato di sentirsi a proprio agio nella scelta ma anche per permettere a coloro che non sono stati invitati al matrimonio di poter fare un pensiero benaugurale ai futuri sposi.

Per chi invece avesse scelto come lista di nozze il viaggio sicuramente avrà già preso accordi con l'agenzia di viaggio, ma vediamo in breve come viene strutturato.

Il viaggio di nozze scelto viene suddiviso in varie tappe virtuali, dove si vedranno i vari soggiorni ed il volo e poi gli extra da inserire. Man mano che arrivano i vari bonifici l'agenzia andrà a completare, in primis, i soggiorni ed il volo e poi, se avanzano altri soldini, anche tutti gli extra da voi scelti.

Noi dobbiamo solamente pensare a comunicare il tutto ai nostri invitati, ovviamente sempre in modo discreto e senza far trovare bigliettini all'interno della partecipazione. Di norma si comunica al momento della consegna, in quanto ci sarà sicuramente il parente che vi chiederà, o che lo chiederà ai vostri genitori, cosa preferite ricevere o cosa vi occorre, e sarà proprio in quel momento che si comunicherà la scelta.

Lo stesso discorso vale per tutti coloro che hanno scelto di aprire un conto corrente dove far confluire i bonifici dei vari parenti, mi raccomando niente IBAN sulle partecipazioni.

PARTECIPAZIONI

Arriviamo ora alla creazione delle partecipazioni, ma prima di pensare alla parte creativa, diamo di nuovo un'occhiata alla lista invitati e assicuriamoci di aver reperito tutti gli indirizzi e di aver inserito anche l'indirizzo del cugino che vive da solo. Se ricontrollando avete tutto possiamo proseguire con la creazione della partecipazione.

Il galateo ci insegna che sono di norma i genitori della sposa a provvedere alle partecipazioni, ma ormai questa usanza è caduta quasi in disuso visto che, per la maggiore, sono gli sposi in prima persona ad occuparsene.

La partecipazione secondo la tradizione era formata da un cartoncino di carta pregiata piegato a metà, dove le famiglie annunciavano il matrimonio dei figli. Ora invece le partecipazioni seguono sempre di più la cartella colori del matrimonio spaziando dai colori più tenui a quelli più accesi, passando per grafiche molto sobrie per culminare in grafiche molto appariscenti e sgargianti.

Diciamo che la partecipazione è ben fatta se segue lo stile di tutto l'evento.
La scritta, secondo la tradizione, deve essere in corsivo inglese con inchiostro blu, grigio o seppia, anche qui lasciamo sfogo alla vostra fantasia se volete adattare il font allo stile della medesima.

Qualora la cerimonia venisse celebrata da un Vescovo è necessario scriverlo nel testo della partecipazione dopo la data, l'ora ed il luogo della cerimonia con la seguente frase: «*la benedizione nuziale sarà ripartita da S.E. Monsignor* (nome e cognome), *Vescovo di…*»

Qualora uno dei due sposi fosse di origine non italiana e prevedete di inviare le partecipazioni nel suo paese di origine è preferibile prevedere una partecipazione nella lingua di origine del futuro coniuge non italiano.

Le partecipazioni vanno inviate tre mesi prima, se però il ricevimento si svolgerà in un periodo di vacanza, nei mesi tra giugno e agosto oppure a dicembre, la partecipazione dovrà essere inviata cinque mesi prima. Le stesse tempistiche vanno rispettate anche per tutti gli ospiti che dovranno venire da lontano, di modo che avranno tutto il tempo necessario per organizzare il viaggio ed i permessi di lavoro.

Le partecipazioni al loro interno possono prevedere diversi biglietti che, seguendo il medesimo stile della partecipazione, ci indicano ulteriori informazioni. È un'usanza moderna, ed anche economica a volte, invitare solo alcuni parenti al ricevimento e altri, come amici e colleghi, al momento della torta e al buffet finale.

Vediamo le varie formule disponibili:

- partecipazione con invito al buffet a casa degli sposi e alla cerimonia;
- partecipazione con invito al buffet a casa degli sposi, alla cerimonia ed al ricevimento (da intendersi fino a chiusura dell'evento);
- partecipazione con invito al buffet a casa degli sposi, alla cerimonia ed al taglio della torta;
- partecipazione con invito al buffet a casa degli sposi, alla cerimonia ed alla festa serale.

All'interno del "Libro degli invitati" troverete il modo per tenere traccia di queste differenze.

All'interno della partecipazione possiamo trovare anche la Timeline del matrimonio con tutti gli orari e gli avvenimenti più importanti, possiamo trovare il pass per il parcheggio all'interno della location e in alcuni casi anche la cartina per raggiungere la location scelta.

Ora dedichiamoci alla parte creativa delle partecipazioni, tenendo presente sempre il tema scelto e i relativi colori. Qualora avessi già inviato i Save the Date abbiamo già una linea stabilita, nel caso invece non li avessi fatti, vediamo la check list delle partecipazioni:

- Che carta volete usare?

- Avete pensato ad un altro supporto su cui presentarle?

- Che font vi piace?

- Che oggetti grafici volete inserire? Immagini, disegni, scritte?

- La busta come vi piace? Elaborata o semplice?

- Volete inserire dei nastrini o degli oggettini?

- Lista di nozze o lista viaggio di nozze?

- Che bigliettini volete inserire all'interno?

- Quante ve ne occorrono? Aiutatevi con il "Libro degli Invitati", ma comunque saranno di numero uguale ai *Save the Date* che avete inviato.

Un'ottima fonte di ispirazione può essere il mitico Pinterest, lì potete trovare moltissime idee e moltissimi stili.

Ora che hai tutti i dettagli che ti servono, puoi iniziare a prendere appuntamento con un grafico.

Nome	Recapito	Costo

Ora che anche questa è fatta devi segnare alcune cose.

- Quando saranno pronte?
- Vi siete esercitati a scrivere?
- Avete considerato qualche busta in più, qualora sbagliaste a scrivere?
- Avete preso i francobolli per spedirle?
- Se le partecipazioni hanno accessori fragili avete previsto delle scatoline per spedirle?

Data

Ritiro

Consegna

LE BOMBONIERE

Le bomboniere rappresentano il dono che gli sposi fanno a tutti coloro che hanno partecipato al loro lieto evento. Molto spesso vengono fatte delle bomboniere, o sacchettini di confetti, anche per coloro che non hanno partecipato ma che sono cari agli sposi. Andiamo a vedere le varie tipologie di bomboniere a cui dobbiamo pensare.

- Bomboniera testimoni

- Bomboniera genitori

- Bomboniera invitati

- Bomboniera per chi non ha partecipato

Per il galateo la bomboniera, segno di riconoscimento verso coloro che hanno partecipato con un dono, venga consegnata a fine ricevimento, o per coloro che non hanno partecipato, nei giorni successivi al matrimonio. Mai consegnare prima la bomboniera! Perderebbe il suo valore simbolico e sembrerebbe una richiesta di dono.

La bomboniera deve rimanere in linea con lo stile del matrimonio e con la sua palette di colori. Bisogna prevedere al suo interno un numero dispari di confetti, di norma se ne mettono cinque a simboleggiare le doti indispensabili per un buon matrimonio, ovvero:

1. *Fertilità;*
2. *Felicità;*
3. *Salute;*
4. *Longevità;*
5. *Ricchezza.*

Secondo il galateo la spesa delle bomboniere e dei confetti dovrebbe spettare alla famiglia della sposa, ma sono sempre di più i giovani che si occupano da soli dell'acquisto.

La bomboniera va consegnata ad ogni famiglia e qualora vi fossero due fidanzati viene consegnata una bomboniera ciascuno. Se avete un parente che abita da solo (il famoso cugino) ricordatevi di conteggiare la sua bomboniera in quanto considerato famiglia a sé stante.

La tradizione vuole che le bomboniere dei genitori e dei testimoni siano più importanti rispetto alle bomboniere degli invitati, ma devono comunque rimanere in tema con tutte le altre, sia nella scelta dell'oggetto che dei colori.

Ricorda di includere nelle bomboniere, o nei sacchettini, anche le persone che vi aiuteranno a rendere speciale questo giorno come la parrucchiera, il fioraio, i fotografi e tutto lo staff che ha girato intorno a questo evento.

Ora non ti resta che scegliere la bomboniera.

Una credenza popolare dice che le cose taglienti, affilate e pungenti non vanno mai regalate perché all'interno di una casa portano sfortuna, quindi, nonostante siano molto di moda, evitiamo di regalare le piante grasse piene di spine.

Un'altra credenza dice di non regalare mai perle e fazzoletti in quanto simboli di lacrime e di sicuro nessuno sarà felice di riceverli in dono.

Mi raccomando se state pensando di fare la Confettata e di rimuovere i confetti dalla bomboniera perché così l'ospite si sceglie il gusto che preferisce, abbandonate subito questo pensiero. La Confettata deve essere un valore aggiunto al vostro matrimonio.

Aiutatevi con il "Libro degli Invitati" per la conta delle bomboniere e dei sacchettini per gli invitati. Mi raccomando non dimenticate di inviare la bomboniera, anche a coloro che, dopo aver ricevuto la partecipazione, vi hanno comunicato l'impossibilità di partecipare.

Vi consiglio di segnare sul "Libro degli Invitati" anche coloro che non saranno invitati al ricevimento del vostro matrimonio ma ai quali vi farebbe piacere consegnare un sacchettino. Potete tranquillamente appuntarli alla fine della lista!

Ora pensiamo a che tipo di bomboniera volete creare, vi do qualche idea:

Enogastronomiche, le più amate e le più gettonate. Hai l'imbarazzo della scelta tra vini, confetture, marmellate, miele, olio, aceto balsamico, cioccolate, ecc.

Solidali, consigliate a tutti coloro che non vogliono spendere soldi nel classico oggetto che rimarrà a prendere polvere sulla mensolina della zia, ma che vogliono concretizzare un progetto. Scegliere un dono solidale può aiutare molte persone.

Fai da te, in questo momento il fai da te sta spopolando e sempre più mamme e ragazze si stanno dando alla creatività. Se ben fatto sarà sicuramente apprezzatissimo dai vostri ospiti.

Eco-Friendly, il rispetto per l'ambiente è al primo posto per questo tipo di bomboniere, quindi troviamo tutti i tipi di piante aromatiche, bonsai, alberelli di olivo e qualche pianta grassa (ma mi raccomando nessuna deve essere spinosa, no al cactus).

Queste sono solo alcune delle tipologie di bomboniere che trovate in commercio, ora non vi resta che scegliere qual è quella più adatta al vostro evento.

Vi lascio qui di seguito una tabella dove poter segnare la tipologia di bomboniera, il costo ed il negozio in cui l'avete vista.

Negozio	Bomboniera	Costo

IL FIORISTA

Gli allestimenti floreali saranno molto importanti in questo evento e sarà molto importante scegliere il fiorista adatto. Vediamo nel dettaglio tutto il mondo dei fiori e dell'allestimento del matrimonio.

Tutto l'allestimento deve essere in linea con i colori scelti, con lo stile del matrimonio e soprattutto con la stagione, sarebbe assurdo trovare dei girasoli in un matrimonio invernale dai toni del ghiaccio.

Il fiorista deve conoscere ogni dettaglio della cerimonia e non solo, deve sapere gli indirizzi delle famiglie degli sposi per gli allestimenti, il tipo di auto scelta, la location, ma ora vedremo tutto nel dettaglio.

Decorazioni necessarie per la cerimonia civile:

- composizione bassa sul tavolo del celebrante;
- due composizioni ai lati del tavolo del celebrante;
- due composizioni all'ingresso della sala comunale;
- piccole decorazioni sulle sedute;
- tappeto.

Decorazioni necessarie per la cerimonia religiosa:

- composizioni sull'altare;
- composizioni sulle balaustre;
- composizioni sulle panche;
- composizioni sull'inginocchiatoio;
- due composizioni sul sagrato;
- tappeto.

Decorazioni necessarie per la location:

- composizioni per l'ingresso;
- composizioni per i buffet;

- centrotavola;
- allestimenti per la torta;
- allestimenti per la confettata;
- allestimenti giardini o sale interne.

Decorazioni per le case degli sposi:
- composizioni per l'uscita dello sposo;
- composizioni per l'uscita della sposa;
- composizioni scala sposo;
- composizioni scala sposa;
- composizioni tavolo buffet sposa;
- composizione tavolo buffet sposo.

Accessori:
- corsage damigelle;
- fiori all'occhiello paggetti;
- corsage testimoni;
- fiori all'occhiello testimoni;
- bouquet sposa;
- bouquet per il lancio;
- fiore all'occhiello per lo sposo;
- fiore all'occhiello per i famigliari;
- fiori auto sposo;
- fiori auto sposa.

Ora ci dobbiamo focalizzare su cosa volete il giorno del vostro matrimonio, in quanto l'universo dei fiori è molto vasto e capire al volo ciò che si vuole a volte può sembrare difficile, ecco perché vi propongo dei quesiti che vi aiuteranno in questa scelta.

- C'è un fiore che amate particolarmente?

- C'è un fiore che assolutamente non volete vedere al vostro matrimonio?

- Qual è il colore che regna sovrano sul vostro matrimonio? E lo stile?

- Volete rispecchiare i colori della natura circostante?

- Volete candele, lanterne o cerchi di fiori?

- Avete già definito un budget?

Ora che sappiamo cosa occorre e cosa vuoi possiamo andare a parlare con il fiorista o i fioristi nel caso non ne avessi uno di fiducia. Come sempre io vi tiro giù una lista di domande da fare così da non ritrovarvi con qualche problema il grande giorno.

- Che fiori si adattano al mio matrimonio?
- È possibile vedere i suoi allestimenti precedenti?
- Conosce già la nostra location? Possiamo vedere cosa ha realizzato?
- Quali sono i fiori di stagione?
- Quale bouquet è più adatto al mio abito?
- Può occuparsi dell'allestimento in chiesa?
- L'allestimento in chiesa può essere trasportato al ricevimento?
- Consegnerà direttamente i fiori nella location/chiesa?
- Ci sono costi di consegna?
- Verrà lei personalmente o qualcuno del suo Staff? Ci lascerà il suo numero di cellulare?
- È possibile avere la prova del bouquet prima delle nozze?
- È possibile venire a vedere il suo prossimo allestimento?
- Quanti eventi cura in un giorno?
- C'è qualche suggerimento che mi consente di risparmiare?
- Come ci si comporta in caso di rottura di un vaso o una decorazione?
- Può curare anche gli allestimenti a casa e dell'auto?
- Quali sono gli orari di consegna dei fiori?
- Ha bisogno di un sopralluogo?
- Quanto tempo impiega per allestire la location?
- Come avviene la riconsegna delle strutture a noleggio?
- Quanto tempo prima bisogna prenotare?
- Come funzionano i pagamenti?
- In caso di imprevisto come viene gestito l'evento?

- Fino a quando posso cambiare idea sull'allestimento?
- Interagisce lei direttamente con la location?
- Ha suggerimenti sul mio allestimento?
- È possibile avere un campione di centrotavola prima di approvarlo definitivamente?
- È previsto un contratto?
- Cosa ci propone oltre gli allestimenti?
- Crea il bouquet montato?

Per chi non lo sapesse il bouquet montato è un tipo di struttura che serve a mantenere fresco e sano il fiore per tutto il giorno. La corolla viene montata su una struttura che le consente di mantenersi idratata ed il risultato è un bouquet più leggero e bello.

Quando stilerete il contratto con il fiorista, dovranno essere stabiliti tutti i dettagli quali:

- descrizione e costo di ogni composizione, compresi il nome ed il colore dei fiori;
- lista dei fiori da non usare;
- prevedere una seconda opzione in caso di inconvenienti;
- termini di pagamento quali, acconti, cancellazione e risoluzione del contratto;
- data e luogo delle consegne con relativi orari.

Vediamo ora le varie tipologie di bouquet che si possono scegliere, ovviamente in questo il fiorista sarà molto esperto e vi saprà consigliare al meglio:

Il *bouquet rotondo* è composto da fiori piccoli ed è molto compatto, si accosta molto bene con abiti corti e sbarazzini ed è adatto ad ogni statura;

il *bouquet a cascata* è composto da, appunto, una cascata di fiori ed è adatto per abiti importanti e con lunghi strascichi. È consigliato alle spose alte e con portamenti sicuri;

il *bouquet aperto* è composto da un mazzo di fiori abbastanza imponente ed è adatto per le spose snelle;

il *bouquet singolo* è composto da un solo fiore adornato da nastri o composto in maniera geometrica ed è adatto su di un vestito semplice e lineare;

il *bouquet a fascio* è composto da un mazzo di fiori molto ordinato ed è sconsigliato alle spose non molto alte.

La tradizione vuole che lo sposo regali il bouquet alla sua futura sposa. Sarà lui ad ordinarlo al fiorista e a sceglierlo, ovviamente sarà cura del fiorista indirizzarlo sulla tipologia più adatta visto che è a conoscenza della tipologia di abito scelta.

Il bouquet deve essere consegnato la mattina a casa della sposa dal testimone dello sposo o dal fiorista, in caso di lontananza. In alcune zone d'Italia la tradizione vuole che siano i suoceri a consegnare il bouquet alla futura sposa e che venga fotografata con i suoceri in casa sua.

La sposa dovrà tenere il bouquet con la mano sinistra all'altezza della cintura. Viene posato sull'inginocchiatoio durante tutta la cerimonia per poi essere ripreso alla fine della stessa.

Fiorista	Preventivo	Costo

Non dimenticate di inserire i costi all'interno della tabella iniziale.

LA TIPOLOGIA DI BANCHETTO

Vediamo insieme le varie tipologie di banchetto che si possono realizzare per il ricevimento.

Pranzo o cena seduti (placè). Gli ospiti saranno tutti comodamente seduti al proprio posto e saranno i camerieri a servire le pietanze. La durata media di questo servizio è di circa 2 ore ed è un servizio di media più costoso.

Pranzo o cena informale. Ad attendere gli ospiti ci sarà un welcome drink con una serie di canapè che proseguirà con un antipasto buffet. Proseguirà dopo con primi e secondi a placé per poi tornare al buffet con dolci e frutta.

Buffet. Tutti gli ospiti avranno il posto al tavolo stabilito ma si serviranno da soli. Oggi vanno molto di moda le isole gastronomiche e lo show cooking. Il punto forte di questa tipologia è che l'ospite si creerà il proprio menù in base al gusto personale. Il punto debole può essere la quantità, in alcuni casi la quantità non riesce a garantire un assaggio ad ogni invitato, in quanto gli ospiti non si limitano ad un assaggio a persona ma magari prendono più porzioni, togliendole agli altri invitati. Un altro punto debole può essere la disposizione che se non viene studiata per bene può provocare file e dare la sensazione di essere in mensa. Questa è l'opzione più economica per la formula pranzo/cena completa.

Apericena. Questa formula è molto gettonata dai giovani, i loro ospiti staranno in piedi e saranno garantite un minimo di sedute e molti tavoli alti dove poter posare bicchieri e piattini. I camerieri porteranno monoporzioni che non necessitano dell'uso del coltello e che saranno facili da mangiare in piedi. Questa è una delle opzioni che viene scelta per la maggiore nel party serale dedicato agli amici.

IL CATERING

Questo capitolo tratterà la scelta del catering per chi ha optato per la formula Villa + Catering, se invece avete la location con la cucina interna potete tralasciare questo capitolo e passare direttamente al prossimo che tratterà la scelta del menù.

Come fare per scegliere un buon Catering?

Potete dare un'occhiata alle recensioni dei Catering che vi piacciono di più a colpo d'occhio, ma prendetele sempre con le pinze, in quanto ci sarà l'amico dei proprietari che lascerà a priori 5 stelle e quello che lascia 1 stella solamente perché non gli hanno servito subito la portata richiesta con mille modifiche.

Se una vostra amica ha usato il medesimo Catering, chiedetegli un parere su come si è trovata e sui servizi a lei offerti.

Il mio consiglio è di partecipare agli *Open Day* e assaggiare in prima persona la loro cucina, così da poter essere veramente sicuri del servizio e della qualità del cibo.

Vediamo le domande da fare al responsabile del Catering prima di scegliere il vostro preferito.

Domande per il responsabile del Catering:
- Chi sarà il responsabile che presiederà l'evento?
- Come ci si comporta se il Catering ha un imprevisto?
- È prevista solo la formula buffet per gli antipasti o è possibile servirli a tavola?
- Qual è il rapporto invitati e camerieri?
- Come saranno vestiti i camerieri ed il responsabile?
- Qualora si rompessero delle stoviglie come ci si comporta?
- È possibile fare un sopralluogo insieme nella location così da stabilire insieme le varie zone?

- In caso pioggia come si modifica il ricevimento?
- Avete un servizio di hostess (guardaroba, toilette, parcheggiatori, ecc.)?

Domande sul menù:

- Come è composto il menù di nozze?
- Come viene organizzata la prova menù? Ha un costo?
- Il menù è diversificato per il pranzo e per la cena?
- Possiamo creare un menù ad hoc per le nostre esigenze?
- È previsto un menù differente per gli invitati con intolleranze, allergie ed esigenze particolari?
- Il menù è comprensivo di bevande? Sono illimitate?
- Ci sono alcune bevande non incluse nel prezzo per le quali dobbiamo pagare una differenza?
- È possibile scegliere i vini? Se voglio un vino che non è tra le proposte vi è un sovrapprezzo?
- Il servizio open bar è incluso nel prezzo? Cosa comprende?
- La torta è inclusa nel prezzo?
- Che tipologie si possono scegliere?
- Le decorazioni si possono scegliere? C'è un sovrapprezzo per le decorazioni in pasta di zucchero o per i fiori veri?
- Se necessito di dolci celiaci, senza lattosio o appositi per alcune allergie è possibile realizzarli?
- È possibile scegliere la farcitura?
- La preparate voi oppure vi affidate ad una pasticceria esterna?
- Quali sono le isole extra che possiamo inserire all'interno del menù?
- La frutta segue la stagionalità o è possibile avere anche la frutta fuori stagione?
- È possibile richiedere strutture di Street Food per il momento antipasti e per il momento dei dolci?
- Si può fare un assaggio delle varie tipologie di torte?

Domande sui pagamenti:

- C'è uno sconto per il tavolo Staff?

- C'è uno sconto per i bambini? Quali sono gratuiti?
- Nel prezzo è compresa l'IVA?
- Come si effettuano i pagamenti?
- Verrà firmato un contratto?
- Ci sono costi extra da considerare?
- C'è un extra per candele, candelabri, fantasmini e allestimenti dei buffet?
- In caso di disdetta come ci si comporta?
- Entro quando dobbiamo dare la conferma degli ospiti?
- C'è un margine di tolleranza sugli invitati o tutti quelli confermati vengono saldati?
- C'è un orario massimo oltre il quale è previsto un extra time?
- C'è una scontistica per i ricevimenti infrasettimanali?

Domande sull'allestimento:
- Che tipologie di tavoli sono disponibili?
- È possibile scegliere la mise en place?
- È possibile scegliere i tovagliati?
- È compresa la stampa dei menù e la carta dei vini?
- Come funzionano i pagamenti?
- Vi occuperete voi degli allestimenti del tavolo della Confettata, delle Bomboniere e altro?
- Sono previsti allestimenti esterni come divani, poltroncine, tavolini e ombrelloni?

Ora che abbiamo la lista delle domande da fare al responsabile del Catering possiamo segnare i fornitori che vogliamo visitare per confrontare le varie proposte.

Catering	Preventivo	Costo

Catering   Preventivo   Costo

LA SCELTA DEL MENÙ

Ora che hai selezionato il Catering o la location con la cucina interna possiamo passare alla selezione del menù.

Di norma il ricevimento si svolge con un'alternanza di buffet e servizio al tavolo, per rendere il tutto più movimentato ed evitare di stare seduti per tre ore aspettando le altre portate.

In linea generale un menù da matrimonio viene composto da:

Welcome drink: vengono serviti drink alcolici e analcolici, tartine, canapè e snack per intrattenere gli ospiti nell'attesa degli sposi.

Antipasti: qui abbiamo due varianti l'opzione a buffet con moltissime isole tematiche, ad esempio potresti scegliere tra l'isola delle verdure, l'isola delle zuppe, l'isola del norcino, l'isola dei fritti, l'isola del casaro, l'isola del sushi, l'isola delle crudità, l'isola ostriche e champagne, l'isola formaggi e birra, l'isola BBQ e birra, l'isola del pesce, l'isola della pizza, l'isola etnica e l'isola della cucina molecolare.

Oppure potresti optare per la versione con una serie di antipasti serviti al tavolo.

Primi: di norma si predispongono due primi piatti una pasta e un riso, ma ormai gli Chef non fanno più caso a questo dettaglio e lasciano liberi gli sposi di scegliere in completa libertà;

Secondi: vista la quantità dei cibi serviti fino a questo punto la maggior parte degli sposi prevede un solo primo di carne o di pesce a seconda della scelta fatta, oppure si può proporre un secondo di pesce e poi un secondo di carne. È di uso comune servire un sorbetto al limone per ripulire il palato dal piatto di pesce;

Contorni: anche questi sono a discrezione degli sposi, di solito si scelgono delle insalate o delle verdure grigliate, ma in alcune zone d'Italia si servono anche contorni più importanti come patate al forno, verdure gratinate con salse, ecc.;

Frutta: per questa parte del ricevimento abbiamo due opzioni o far servire la frutta al tavolo (macedonia, fragole con panna o tagliata di frutta) oppure unirla con il buffet dei dolci;

Dolci: la parte più attesa da tutti gli invitati è il buffet dei dolci. Qui si possono prevedere moltissimi angoli e isole, ti lascio solo alcuni esempi: isola del gelato, isola del thè e delle tisane, isola dei dolci siciliani, isola del babà, isola delle bombe fritte, isola delle ciambelle, isola delle crepes, isola della macedonia, isola rum e cioccolata, isola rum e sigari, isola delle caramelle, fontana di cioccolato, macchina dei pop corn, confettata, isola delle granite, isola dei macaron, dei bignè e dei cupcake;

Torta nuziale: viene servita per ultima insieme all'isola degli amari, del caffè e all'isola dell'open bar dove richiesta.

Facciamo un piccolo focus sulla confettata e sul suo allestimento. Ormai la confettata è diventata un "must" che non deve mai mancare anzi più è ampia e meglio è! Gli sposi cercano sempre gusti nuovi e particolari per stupire i propri ospiti. Il tavolo viene allestito seguendo il tema del matrimonio e davanti ad ogni contenitore viene posizionato un cartellino che ne descrive il gusto. La confettata è una tradizione prettamente italiana. Gli sposi alternativi possono inserire anche altri dolciumi come gli M&M's, i marshmallow, petali di fiori canditi o biscotteria decorata. È buona cosa mettere a disposizione degli ospiti dei sacchetti o delle scatoline così da permettergli di portare via un po' di dolcetti.

Ora che abbiamo anche la composizione tipo del menù del matrimonio siamo arrivati quasi al 50% dell'organizzazione. Contenta? Il più è fatto!

Manca la scelta del vino che affronterete direttamente con il Sommelier del Catering o della location anche perché non si può disquisire la sua scelta senza sapere il piatto scelto.

Posso solo dire che in linea generale per un menù a base di pesce sarà opportuno scegliere un vino bianco e per un menù di carne sarà meglio scegliere un vino rosso. Molti vini bianchi possono sposarsi benissimo con alcuni piatti di carne e viceversa alcuni rossi con il pesce. Quindi rimando questa scelta a voi ed ai consigli del Sommelier.

Durante il vostro ricevimento è possibile aggiungere anche i food truck, ovvero dei camioncini o Ape Piaggio attrezzati con cucina interna. Ve ne sono di diversi e si possono scegliere in base al tema del vostro matrimonio.

LA TORTA NUZIALE

La tradizione dei dolci al matrimonio è antichissima. I latini usavano sbriciolare dei biscotti di grano sopra la testa della sposa per augurare alla coppia fertilità, poi si sviluppò l'uso dello zucchero e si iniziarono a glassare i dolci.

La torta nuziale è una protagonista importante di questo grande giorno, ma oltre ad essere bella deve essere anche buona. Bisogna scegliere una torta in linea con tutto lo stile e con tutto il ricevimento, che segua il file rouge dell'evento e riprenda il tema dell'allestimento. Bisogna tenere sempre presente la stagione in cui vi sposerete per utilizzare prodotti di stagione, per non ritrovarsi con una torta fragole e panna ad ottobre.

La tradizione vuole che la torta nuziale sia composta da piani dispari a simboleggiare l'indivisibilità della coppia. La sua forma circolare riprende la forma delle fedi e simboleggia l'amore eterno, mentre i piani simboleggiano gli scalini della vita da affrontare insieme nella gioia e nel dolore. La torta nuziale perfetta ha 5 piani con un diametro di 90 cm per il primo livello. Mi raccomando, l'altezza della torta non deve mai superare l'altezza della sposa!

Le torte più in voga in questo periodo sono:

Naked cake, una torta classica ma rivestita con una glassa spatolata che lascia intravedere il color biscotto del pan di spagna

Drip cake, sono le torte con rifinitura di glassa che cola lungo le linee orizzontali

Nude cake, sono torte in pan di spagna con farciture particolari, ma la loro caratteristica è l'assenza di copertura. Vengono decorate con cascate di fiori o di frutta a seconda dei gusti degli sposi.

Flower cake, sono torte formate da cilindri sovrapposti dal più grande al più piccolo, decorate solo con fiori in pasta di zucchero

Watercolor cake, torte a piani ricoperte di fondente bianco e caratterizzate dalla pittura di quest'ultimo in stile acquarello

Butter Cream cake, torta a più piani decorata con soffice crema al burro e decorazioni in fiori veri o in pasta di zucchero

Metallic cake, torte a piani ricoperte di glasse metallizzate o glitterate

Torte classiche a piani, sono torte in pan di spagna farcito con creme e ricoperto di panna

Torta in pasta di zucchero, torta di pan di spagna e creme farcita con copertura di crema al burro e pasta di zucchero, di solito sono molto decorate e molto sceniche;

Torta monoporzione, consiste in piccole torte del tutto identiche tra loro, disposte su alzate a più piani.

Non dimenticate di prevedere una selezione di dolci per tutti coloro che hanno problematiche alimentari.

Le domande da fare al pasticcere che si occuperà di fare la vostra torta:

- Quale modello potete realizzare?
- Quale modello consigliate per il nostro stile?
- Quale farcitura è possibile inserire nella torta?
- Quanti piani è possibile realizzare?
- Di quanti chili sarà la torta?
- Quali decorazioni si possono realizzare sulla torta?
- C'è un supplemento per le decorazioni in pasta di zucchero o in ghiaccia reale?
- Se volessimo i fiori freschi sulla torta ci pensate voi o dobbiamo chiedere al fiorista?
- Siete muniti di H.A.C.C.P. ?
- Effettuate la consegna della torta?
- C'è un costo per la consegna della torta?
- Come verrà consegnata la torta?
- Fornite voi piatti ed alzate?
- Come viene gestito l'allestimento del tavolo ed il servizio?

Ora che abbiamo tutte le informazioni necessarie per il menù e per la torta possiamo stilare qui di seguito il menù ufficiale.

Visto il pranzo/cena abbondante molti invitati non riusciranno a mangiare la torta e quindi saranno molto lieti di trovare le scatoline per portare via un pezzettino e mangiarla il giorno dopo. Ovviamente è una scatolina studiata con lo stesso stile del matrimonio, che mantenga il carattere del resto degli accessori.

Ricordatevi di inserire il costo della torta nella tabella iniziale dei budget.

esi

rima...

SCELTA DEL VESTITO DELLO SPOSO

Pensi che la scelta dell'abito da sposo sia meno complicata di quella dell'abito da sposa? Ti sbagli!

Anche la scelta dell'abito da sposo è molto impegnativa, vi sono moltissimi modelli, tessuti, colori e stili che manderebbero in confusione anche il più risoluto degli sposi.

Vediamo innanzitutto cosa avete in mente:

- Di che colore vorreste il vostro abito?

- Stile? Classico o esuberante?

- Giacca aperta? Un bottone? Due bottoni? Doppiopetto?

- Tessuto?

- Camicia Slim? Classica o Coreana?

- Cravatta, cravattino, papillon o fusciacca?

- Soprabito?

- Cappello e bastone?

Dopo queste domande il futuro sposo si sarà immaginato nel suo bell'abito ad attendere la sua futura sposa sull'altare ed ora è pronto ad andare alla ricerca dell'abito per i vari atelier.

Vediamo dei piccoli consigli che possono essere utili nella scelta dell'abito. A differenza della sposa, infatti, lo sposo può acquistare un abito che poi potrà riusare a meno che non vengano scelti tessuti molto particolari ed appariscenti. Quindi quando andrete ad effettuare la scelta tenete presente questa futura possibilità. Non tralasciare in alcun modo la comodità ed il tuo stile, se sei sempre stato molto casual vederti super elegante come i reali d'Inghilterra forse ti renderebbe troppo impacciato, quindi rimani fedele al tuo essere, senza strafare.

Scegli un tessuto in lana, con un peso non superiore ai 270 g/m così da poterlo usare in tutte le stagioni.

Ti starai chiedendo quali sono i modelli più usati, eccoli qui di seguito:

* il *tight*, si compone di una giacca a coda in lana nera o grigio antracite con pantalone grigio scuro a righe, gilet monopetto a cinque bottoni o doppiopetto sciallato. Va indossato in cerimonie formali e solamente fino alle 18:00, in più se lo sposo lo indossa, sono obbligati ad indossarlo anche i testimoni ed i papà degli sposi;

* il *mezzo tight* non si scosta dal tight classico per tessuti e abbinamenti, ma presenta una giacca senza coda, che diventa corta, arrotondata sul davanti e dritta sul fondo dietro. Se lo sposo porta questo abito, sia i papà che i testimoni sono liberi di indossare l'abito classico;

* lo *smoking* è una scelta obbligatoria per chi ha programmato un matrimonio formale ma non tradizionale, con cerimonia dopo le 18:00. Uno smoking classico, con fascia in vita e revers a scialle o a punta, è sempre accompagnato da papillon in seta. Per il galateo non è consentito indossare lo Smoking in quanto è un abito da festa, lo si può indossare solo se a seguito del ricevimento vi sia una festa danzante;

* l'ultima opzione, invece, è quella più amata dagli sposi che amano lo stile contemporaneo, a metà strada tra eleganza e tradizione: l'*abito a tre pezzi*, costituito da giacca e pantaloni dello stesso tessuto e gilet da abbinare tono su tono o a contrasto.

C'è da ricordare che nell'asola sinistra della giacca andrà inserito il fiore all'occhiello ma subito dopo la cerimonia, questo andrà tolto e sostituito con il fazzoletto, in quanto il fiore sicuramente avrà perso la sua bellezza iniziale.

La tradizione vuole che il giorno della cerimonia lo sposo abbia tre chicchi di sale nella tasca sinistra della giacca.

Vediamo ora chi vuoi portare con te al momento della scelta del tuo abito.

E qui, invece, segniamo gli appuntamenti presi nei vari atelier.

Atelier   Data e ora

Scelto l'abito, il più è fatto!!!

Ora non dimenticare di segnare i vari appuntamenti per le prove e ricordati che già dalla prossima prova devi portare con te l'intimo che indosserai e soprattutto le scarpe!

	Data	Note
I Prova		
II Prova		
Ritiro		

Non dimentichiamoci degli altri dettagli uniti all'abito dello sposo.

	Negozio	Prezzo
Scarpe		
Intimo		
Calze		
Gioielli		

Ricordatevi di inserire il costo del vestito dello sposo nella tabella del budget all'inizio del libro!

L'INVIO DELLE PARTECIPAZIONI

Siamo a tre mesi dal grande giorno ed è ora che tu prenda in mano le partecipazioni ed inizi ad inviarle o consegnarle a mano alle famiglie invitate. Per coloro che scelgono di spedirle per posta, mi raccomando di inviarle con il codice di tracciatura, così almeno puoi verificare che siano arrivate a destinazione e soprattutto di prevedere una busta extra, di solito si usano quelle gialle con le bolle, in caso la partecipazione fosse delicata.

Hai acquistato tutti i francobolli necessari?

Ok, ora puoi mandare gli inviti ufficiali!

Per coloro che invece passeranno di casa in casa consegnandole personalmente, vi consiglio di farvi un mini itinerario così da ottimizzare i tempi.

Per ogni partecipazione consegnata potete spuntare la voce "P" sul "Libro degli Invitati", mentre se le avete inviate per posta, spuntatela solo quando è stata effettivamente ricevuta.

SCELTA DEL TABLEAU DE MARIAGE, DEI SEGNAPOSTI E DEI MENÙ

Ora che le partecipazioni sono state inviate inizierete ad ottenere già le prime conferme e con esse i conti iniziali inizieranno a prendere forma.

Iniziamo a vedere nel dettaglio come comporre l'allestimento nella location.

Per prima cosa conosci già il tema e lo stile del matrimonio, quello che finora ti ha accompagnata nella scelta di tutti i dettagli, dal vestito alle partecipazioni, quindi ora non resta che rimanere fedeli a tutto ciò e continuare a perfezionare il vostro evento.

Di solito viene scelto un unico fornitore per bomboniere, segnaposto e quant'altro, altre volte invece li fornisce direttamente la location, ma non mancano le volte in cui gli sposi scelgono più fornitori, ecco perché ho preferito vederli tutti distintamente.

L'entrata in sala e la scelta del tavolo non può essere fatta dagli invitati in modo casuale, altrimenti oltre che a crearsi una confusione immensa, si potrebbero creare anche dei disservizi alla cucina ed al personale di sala che non sa dove si trova lo zio che non mangia pesce, o la cugina intollerante al lattosio. Ecco perché consiglio sempre di non lasciare nulla al caso e di prepararsi i tavoli con i relativi nomi. Troverai il "Libro dei Tavoli" nel quale è presente la tabella dove inserire il nome del tavolo e tutti i relativi occupanti. Nella casella vicino ad ogni invitato potrai scrivere le varie necessità e nella parte finale troverai uno spazio bianco dove potrai disegnare la disposizione dei tavoli nella sala. Ovviamente ogni location vi darà la sua disposizione dei tavoli in sala circa una ventina di giorni prima, ma tu sarai già preparatissima.

Ora bisogna pensare al segnaposto ed al relativo tableau de mariage, che da adesso in poi chiameremo semplicemente tableau. Non sto qui a ripetere che devono seguire lo stile, ma ti ricordo che i segnaposto ed il tableau devono essere della stessa fattura. Di certo non possiamo avere un tableau floreale e le conchiglie come segnaposto, sarebbe un po' scombinato, no?

Parliamo subito del tableau, questo statico oggetto è fondamentale per evitare il caos in sala, pensate un po' che nei tempi antichi questo magnifico strumento non esisteva ed era il padre della sposa che accompagnava ad uno ad uno tutti gli invitati al proprio tavolo. Pensate che fatica e che memoria doveva avere il papà!

Fortunatamente siamo nel ventunesimo secolo!

Ora pensiamo allo stile del nostro tableau e soprattutto ai nomi che vogliamo dare ai nostri tavoli. Vi elenco le scelte più gettonate in questo periodo:

- fiori e piante;
- erbe aromatiche;
- pianeti;
- costellazioni;
- cinema;
- serie tv;
- film Disney;
- mete e viaggi;
- date importanti per la coppia;
- libri e letteratura;
- spezie;
- colori;
- marchi della moda;
- vini;
- musica, canzoni o gruppi musicali;
- castelli famosi;
- le vie di Roma;
- monumenti e luoghi famosi;
- sport;
- sentimenti.

Dopo aver letto tutte queste idee, non dirmi che non ce ne è nessuna che ti ispiri un po'... basta trovare un filo conduttore, un qualcosa che leghi entrambi i fidanzati e che si armonizzi alla perfezione con il vostro stile. Confido in te!

Chiedete alla location se vi forniscono loro il cavalletto o un tavolo ad hoc dove poter posizionare il vostro tableau.

Le tipologie di tableau sono moltissime, ci sono quelli a quadro e quelli invece che hanno bisogno di un tavolo intero, l'importante è che in entrambe sia chiara l'indicazione per ogni tavolo e tutti i suoi commensali.

Una formula molto gettonata al posto del tableau de mariage sono le Escort Cards, ovvero delle card singole in cui ci si scrive il nome del commensale ed il tavolo in cui deve andare. Le Escort Cards portano via un bel po' di spazio quindi è bene prevedere con la location la sua disposizione.

Nel tableau di solito si scrivono i nomi di battesimo e solo in caso di omonimia si inserisce l'iniziale del cognome, ma se si vuole dare più tono e formalità si può scrivere per esteso anche il cognome.

Ora vediamo la scelta del segnaposto.

Come già ho detto prima, il segnaposto deve riprendere lo stile del tableau sia nella manifattura, quindi gli stessi materiali, sia nei colori che nelle grafiche.

Si possono scegliere moltissime tipologie di segnaposto, da quello gastronomico, al semplice cartellino con il nome, passando da una miniatura di porcellana a rondelline di legno incise. Ce ne è per tutti i gusti, ovviamente gli addetti ai lavori vi sapranno consigliare al meglio in caso di totale indecisione.

Per quanto riguarda il menù cartaceo abbiamo moltissime opzioni, starà a voi scegliere. Si potrà mettere un menù per ogni invitato, da posizionare sul tovagliolo oppure al lato del placè. Si potrà mettere un solo menù a tavolo o semplicemente una lavagnetta con il menù.

Per qualsiasi scelta dovrete prevedere dei menù speciali per coloro che hanno esigenze particolari.

Vi ricordo che sul menù tradizionale devono comparire i nomi degli sposi, la data, la sequenza delle portate e le etichette dei vini.

- **Costo tableau de mariage** _______________
- **Costo segnaposto** _______________
- **Costo menù** _______________

ALLESTIMENTO BABY E ANIMAZIONE

Ora visto che stavamo parlando dei segnaposti e del tableau, vediamo la questione bambini.

In moltissimi casi, gli sposi preferiscono creare un tavolo baby seguito dalle animatrici, che li faranno mangiare, giocare, scrivere e quant'altro, così da rendere più tranquilla la permanenza ai genitori degli stessi.

Il tavolo baby avrà un allestimento un po' diverso dai tavoli classici degli adulti. Sarà più colorato e pieno di gadget adatti alla loro età.

Vi do alcune idee di gadget da poter posizionare sul tavolo baby:

- il libricino da colorare con colori a matita oppure con pastelli a cera;

- un cestino con le bolle di sapone;

- barattoli pieni di colori;

- caramelle e lecca lecca;

- secchielli con giochi e caramelle;

- girandole;

- bottigliette d'acqua personalizzate;

- giochini fatti a mano (tris, indovina chi, ecc.)

Ovviamente fai molta attenzione a scegliere giochi e dolciumi che non creino problemi ai bimbi, che non abbiano parti piccole che possano essere ingoiate e per i bambini allergici o intolleranti scegli sempre dolciumi adatti a loro.

In molte location, vista la presenza di piscine o luoghi scoscesi, l'animazione ed il servizio di baby sitting è obbligatorio, andiamo a vedere insieme come sceglierlo.

In primis dobbiamo riflettere su "Cosa vogliamo far fare ai nostri bambini?" le risposte a questa domanda sono moltissime... vediamo qualche idea:

- baby dance;

- sculture di palloncini;

- teatrino;

- gonfiabili;

- laboratorio creativo;

- truccabimbi;

- caccia al tesoro;

- giochi da tavolo;

- pignatte;

- sparacoriandoli.

Ogni gruppo di animazione avrà sicuramente un pacchetto matrimonio da proporti, ma io consiglio sempre di personalizzarlo in base ai gusti dei vostri piccoli invitati. Una cosa a cui di solito nessuno pensa ma che è molto carina da fare è un piccolo servizio foto e video di questi piccoli cuccioli che ballano. Sarà carinissimo inviare i ringraziamenti ai loro genitori con una foto o un cd con questi attimi, non trovi?

Inizia a prendere i contatti con le varie agenzie di animazione.

Agenzia di animazione   Data e ora

Ed ora andiamo a vedere le domande da fare al responsabile dell'agenzia.

- Quanti animatori verranno per gestire il mio numero di bambini?
- Quante ore saranno presenti gli animatori?
- Se avessi bisogno di orari differenti ci sono degli extra?
- Il prezzo è finito? Bisogna aggiungere IVA e trasferta?
- Che servizi sono inclusi nel pacchetto?
- Se volessi aggiungere altri servizi, cosa avete da propormi?
- Gli animatori assisteranno i bambini al tavolo?
- Qualora un bimbo necessiti di andare alla toilette, lo accompagneranno loro o se ne deve occupare il genitore?
- Vi occupate dei bambini di tutte le età?
- Sono previsti giochi differenti in base alle fasce di età?
- In caso di pioggia, prevedete un piano B?
- Se noleggiassi con voi dei gonfiabili ed il tempo risultasse brutto, precludendo il loro utilizzo, come ci si regola?"?
- Se l'animazione ha un problema di mal funzionamento dell'attrezzatura come ci si regola?
- C'è un supplemento se oltre ad essere sabato/domenica il giorno risultasse festivo (patrono, 1 maggio, 2 giugno, ecc)?
- Avete bisogno di fare un sopralluogo?
- Decidiamo insieme dove disporre i vostri spazi o scegliete in autonomia?
- Di quanto tempo avete bisogno per l'allestimento?
- I giochi che portate sono adatti ai bambini più piccoli?
- Nel caso in cui un bambino si facesse male, i vostri animatori hanno fatto un corso di primo soccorso?
- Come funziona in caso di disdetta?
- Come funziona il pagamento?
- Al momento della prenotazione devo lasciare un acconto?

Diciamo che in linea di massima queste sono le domande che si fanno più di frequente, ma se vi viene in mente altro non esitate a chiedere. Meglio chiedere e togliersi i dubbi subito, che rimanere con il pensiero fino al giorno del matrimonio.

Ora scrivi qui di seguito l'agenzia scelta ed il servizio richiesto.

Ricordatevi di inserire il costo dell'animazione nella tabella iniziale dei budget.

SCELTA DEI REGALI PER TESTIMONI E GENITORI

La scelta del regalo per i testimoni è molto ardua. Molti sposi tendono a scegliere lo stesso oggetto per tutti i testimoni, ma la scelta di quest'ultimo diventa difficile se abbiamo testimoni con età e stili di vita completamente differenti.

Il mio consiglio è di stabilire un budget per ciascuno ed attenerci alla scelta dell'oggetto giusto seguendo i loro gusti, così non farete torto a nessuno e soprattutto ogni testimone apprezzerà maggiormente il proprio regalo.

Non vi lascio esempi, spero che conosciate bene i vostri testimoni da non aver bisogno di suggerimenti!

Lo stesso discorso vale per la scelta dei regali ai genitori.

Mi raccomando non dimenticatevi che a tutti loro andrà consegnata anche la bomboniera classica.

Genitore/Testimone

Regalo scelto

Genitore/Testimone   **Regalo scelto**

Ricordatevi di inserire il costo dei regali nella tabella iniziale dei budget.

PARRUCCHIERE E MAKE-UP ARTIST

Ogni sposa al giorno del suo matrimonio vuole apparire al top e per farlo ha bisogno di un team di esperti che la sappiano consigliare e supportare durante la scelta. Moltissime spose scelgono il fai da te e poi si ritrovano nella toilette a rifarsi il trucco molte volte. Perché risparmiare proprio sulla cosa che vi renderà perfette? Perché indossare un abito da sposa da migliaia di euro e poi ritrovarsi con il kajal sulle guance o l'acconciatura semicaduta? Ovviamente non vi invito ad andare dai truccatori più famosi della tv, ma una giusta via di mezzo tra loro ed il fai da te, sarebbe consigliabile.

Se poi siete così fortunate da avere dei professionisti in casa, ben venga rivolgervi a loro, ma anche qui non vi dovete sentire in alcun modo vincolate a sceglierli. Se proprio non vi piace come lo zio Mario vi ha fatto l'acconciatura o la cugina Maria vi ha fatto la prova trucco, cambiate senza problemi! Voi vi dovete sentire bellissime nel vostro giorno, lo zio e la cugina capiranno sicuramente.

Vediamo per prima cosa il parrucchiere.

Il capello deve arrivare al giorno del matrimonio perfettamente lucido ed idratato, quindi molti professionisti, ci consigliano di iniziare circa tre mesi prima a preparare il capello con trattamenti cheratinici e idratanti.

Oltre a lavorare sulla qualità del capello andranno anche a lavorare sulla tonalità dei vostri capelli per renderla più omogenea, luminosa e sana.

È consigliato effettuare dei tagli sulle doppie punte frequenti e risistemare il taglio qualche settimana prima.

Il colore è sempre meglio farlo dieci giorni prima così da evitare lo scolorimento o la ricrescita troppo visibile.

Ti consiglio di aprire Pinterest e accorpare in un unico album tutte le immagini delle acconciature che ti piacciono e di avere una cartella sul telefono con le foto di abito, scarpe, accessori e, se già l'avete fatta, della prova trucco.

In sede di colloquio spiega per bene tutto ciò che hai deciso finora, quindi lo stile, le temperature, la stagione e ogni cosa possa essere utile a farlo entrare per bene nella visione generale del tuo evento.

Ovviamente anche il nostro futuro Hair Stylist verrà sottoposto al nostro terzo grado, vi lascio qui di seguito le domande da fare.

- Cosa è compreso nel pacchetto?
- Il prezzo è comprensivo di IVA?
- Ci sono supplementi extra per la distanza?
- Quante prove verranno effettuate?
- È possibile vedere delle foto di lavori già eseguiti?
- Gli accessori sono inclusi nel prezzo?
- Che trattamenti pre-acconciatura sono compresi?
- Dove si svolgono le prove?
- Il giorno del matrimonio verrà a casa della sposa?
- Effettuate anche il servizio di extension?
- È possibile far pettinare anche altri invitati? Costi?
- Se volessi il cambio acconciatura per la torta, quale sarebbe il suo costo?
- Che marche usa?
- Cosa devo fare per preparare al meglio il capello per la prova?
- Che tempistiche le occorrono per la prova?
- Che tempistiche le occorrono per l'acconciatura?
- Le occorrono specchi o luci particolari il giorno dell'acconciatura?
- Riuscirebbe a coprirmi dei difetti del mio volto (orecchie sporgenti, fronte alta, ecc)?
- Che acconciatura mi consiglierebbe?

Ora che abbiamo fatto il nostro classico terzo grado per non perderci nulla andiamo a selezionare chi vogliamo contattare.

Parrucchiere	Costo

<table>
<tr><td>Parrucchiere</td><td>Costo</td></tr>
</table>

Parrucchiere scelto

Ricordatevi di segnare il costo relativo nella tabella iniziale.

Ora andiamo a vedere come scegliere il make-up artist giusto.

Il trucco è una parte fondamentale per la sposa, deve resistere a lacrime, sudore e ogni tipo di bacio, dalla zia con la guancia bagnata di lacrime a quelli del futuro sposo. In più deve resistere al sole caldo, all'umidità o addirittura alla pioggia, quindi facciamo molta attenzione alla scelta del make-up artist.

Per tutte coloro che hanno dei problemi dermatologici è bene chiedere subito al make-up artist se sono preparati ad utilizzare determinati accorgimenti o prodotti specifici per la problematica.

Andiamo a vedere le domande fondamentali da fare al make-up artist per non avere sorprese.

- È possibile vedere il suo portfolio delle clienti precedenti?
- Verrà a casa ad eseguire il trucco il giorno della cerimonia?
- Le prove come si svolgeranno?
- Il prezzo del pacchetto è comprensivo di IVA?
- Ci sono extra da dover conteggiare?
- È previsto il touch-up durante lo shooting fotografico?
- È inclusa la modellazione delle zone più in evidenza, come ad esempio il naso?
- È inclusa la modellazione delle ciglia e sopracciglia?

- È possibile avere l'estensione delle ciglia?
- Che prodotti usa?
- Se ho la necessità di utilizzare dei prodotti adatti a problemi dermatologici per lei ci sono problemi?
- Che tempistiche ha per la creazione del trucco?
- Le occorrono specchi e luci o possiede già tutta l'attrezzatura necessaria?
- Ha la necessità di sapere l'acconciatura e l'abito scelto?
- Che trucco mi vedrebbe bene?
- Riesce a creare dei trucchi che stanno bene anche a chi porta gli occhiali?
- Come devo preparare la mia pelle alla prova?
- Devo eseguire trattamenti specifici prima del grande giorno?
- Come mi regolo con l'abbronzatura?
- Le crea problemi usare i miei cosmetici?
- Utilizza dei fissatori per il trucco?
- È previsto un kit per il ritocco?
- Se le chiedessi di utilizzare solo prodotti vegan/bio o di farmacia per lei sarebbe un problema?
- È compreso il trucco alla mamma della sposa?
- Qual è il costo per trucchi aggiuntivi?
- Che tipo di pennelli usa? Possono provocare allergie?
- Per le lenti a contatto, devo montarle prima o dopo?

Ora che anche le domande per il make-up artist sono pronte è bene scegliere la rosa dei candidati.

Make-up Artist   Prezzo del pacchetto

Make-up Artist   Prezzo del pacchetto

Il mio make-up artist sarà

____

Ricordati di inserire il costo del make-up artist all'interno della tabella iniziale.

LA COMPOSIZIONE DELLA WEDDING BAG

La Wedding Bag è una bustina in carta o in tessuto che gli sposi regalano ai propri invitati. Al suo interno vengono inseriti degli oggetti che possono allietare la permanenza alla cerimonia e al ricevimento. È un'usanza tipicamente inglese ma che sta spopolando nel nostro paese già da qualche anno. L'uso di questa bustina oltre a contenere questi oggetti, è anche quello di potervi inserire dentro i vari gadget che vengono consegnati durante il matrimonio, come il libretto della messa, la fotografia scattata dal fotografo, la bomboniera, ecc. Si sa che le pochette delle signore sono bellissime ma non riescono a contenere tutto il necessario.

All'interno della Wedding Bag verranno inseriti degli elementi standard e poi degli elementi che verranno stabiliti in base al tipo di evento che si andrà a creare. Ad esempio se si fa un matrimonio in riva al mare si possono inserire dei cappellini, degli infradito e altri gadget estivi, mentre se il matrimonio si svolge in autunno si possono mettere al suo interno altri gadget in tema con la stagione.

Di solito viene consegnata una Wedding Bag ad ogni famiglia, ma io consiglio sempre di farle per tutte le donne, nei limiti del budget che vi sarà destinato.

Vediamo come comporre queste Wedding Bag. Ti propongo una lista delle cose che ci devono stare e poi una lista di extra che si possono inserire.

Gadget classici della Wedding Bag:

- libretto della messa;

- timeline della giornata;

- sacchetto di riso per l'uscita degli sposi;

- bolle di sapone in alternativa al riso;

- fazzolettini per le lacrime di gioia;

- caramelle;

- bottiglietta d'acqua;
- coccarda per auto;
- stelline scintillanti per il taglio della torta.

Gadget extra da inserire nella Wedding Bag:

- ventagli per il caldo;
- salviettine rinfrescanti;
- salviettine anti zanzare;
- burro di cacao;
- ciabattine;
- salvatacchi;
- foulard bianco;
- cappello panama bianco;
- una penna;
- biscottini;
- salatini;
- profumino da borsetta;
- scaldamani portatile;
- guanti di cotone;
- crema per le mani;
- cioccolatini personalizzati;
- tatuaggi temporanei con i nomi degli sposi;
- giochini per i bimbi;
- lecca lecca.

Ora che sai cosa poter inserire all'interno della Wedding Bag devi solo pensare alla personalizzazione di ogni oggetto, che deve riprendere la grafica delle partecipazioni e di tutti i dettagli creati, come il menù, le bomboniere, ecc.

Scrivi qui di seguito i fornitori ed i relativi prezzi con la medesima composizione.

Fornitore   Prezzo

La mia Wedding Bag sarà di ________________________________

Ricordati di inserire il costo totale delle Wedding Bag nella tabella iniziale.

LE FEDI

Le fedi hanno una storia molta antica, già ai tempi degli antichi romani vi era questa usanza. Successivamente si sono ritrovati affreschi risalenti al Medioevo che ritraevano lo scambio delle fedi da parte di due sposi e poi se ne ritrova testimonianza nel Concilio Lateranense del 1215 dove venne regolamentato ufficialmente il rito del matrimonio da parte della Chiesa Cattolica.

L'usanza di indossare la fede sull'anulare della mano sinistra ha diverse credenze.

La credenza Cattolica ci racconta che il celebrante mentre pronuncia la frase "nel nome del Padre, del Figlio e dello Spirito Santo" tocca le prime tre dita della mano per poi arrivare ad inserire l'anello ormai benedetto sull'anulare sinistro.

Una credenza più popolare ci racconta che sull'anulare sinistro passa la vena amoris, o vena dell'amore, che collega l'anulare direttamente al cuore.

Durante lo scambio delle fedi, i due sposi, si tengono per mano rappresentando l'ufficializzazione dell'atto, il quale assume un valore civile e sociale indissolubile.

Il materiale della fede è sempre stato l'oro giallo, simbolo dell'eternità, ma ormai si vedono fedi di ogni materiale, a partire dalle nuove tipologie di oro (bianco, rosa, rosso, ecc) a materiali completamente differenti quali il platino, il rame o l'argento. Il colore della fede è molto soggettivo e dipende anche moltissimo dal colore della pelle dei giovani sposi, ma sicuramente un bravo gioielliere vi saprà consigliare per il meglio.

Le tipologie di fede che ora troviamo in commercio sono:

classica, tonda e smussata;

francesina, sottile e leggermente bombata;

mantovana, più pesante, più alta e con poca bombatura;

unica, oro bianco o giallo con diamante incastonato;

platino, molto rara e costosa;

bicolore, due cerchi intrecciati di oro bianco e giallo;

tricolore, tre cerchi intrecciati di oro bianco, giallo e rosso;

sarda, decorata con pizzo chiacchierino.

La tradizione vuole che le fedi si scelgano insieme ed a pagarle sia lo sposo, che poi sarà colui che si occuperà di portarle in chiesa. Le fedi saranno poi consegnate agli sposi su un cuscino che per tradizione dovrà essere creato con la stessa stoffa dell'abito da sposa o comunque su un supporto in stile con il resto del matrimonio.

Vecchie leggende narrano che le fedi non devono mai cadere durante la cerimonia, se ciò dovesse accadere a raccoglierle dovranno essere o il prete o l'Ufficiale di Stato, gli unici in grado di eliminare il maleficio.

GLI ACCESSORI DELLO SPOSO

Come per la sposa, anche lo sposo ha bisogno di alcune direttive sulla scelta degli accessori adatti. Per prima cosa bisogna partire dal tipo di abito scelto ed al suo stile così da scegliere tutti gli accessori più adatti.

Se abbiamo scelto il Tight dovremmo seguire delle regole ben precise. Questo tipo di abito richiama una camicia bianca con polsini da gemelli, necessita anche di una cravatta con il nodo Windsor e la scarpa deve essere obbligatoriamente di pelle. Se si vuole seguire alla lettera la tradizione sono necessari anche il cappello ed i guanti bianchi, ma moltissimi sposi rinunciano a questi ultimi dettagli. Anche lo Smoking ha delle regole molto rigide, oltre a tutta l'etichetta per la scelta dei dettagli dell'abito come camicia, fascia e papillon, abbiamo anche la scelta del guanto che può essere bianco o grigio a seconda della scelta dello sposo. Come per il Tight, anche qui la scelta di indossare il guanto sta passando in secondo luogo, sono molti, infatti, gli sposi che evitano di portarli. Il Frac, l'abito di massima eleganza ha dei dettami molto rigidi che devono essere seguiti, mentre se si sceglie qualsiasi altro abito gli accessori sono quasi tutti ben accetti basta che essi rispettino lo stile dell'abito.

Per quanto riguarda la cravatta, bisogna sapere che ne stanno tornando di moda moltissime, oltre alla nuovissima cravatta fina adatta alle corporature più fine e usata soprattutto dai giovani. C'è poi la classica cravatta a pala larga che sta bene su ogni abito e in ogni occasione, mentre la cravatta classica rossa a righe è troppo formale per un matrimonio. Una cravatta che sta tornando molto di moda è quella di tricot, dall'aspetto vintage e quella ricamata che riprende il tipico stile del college inglese. La tradizione vuole che la cravatta sia di seta, di un colore tenue e che non venga usata la pochette che fuoriesce dal taschino.

Per quanto riguarda il papillon, in alcuni abiti vi è l'etichetta che ci detta il modello, il colore ed il tessuto da usare. Sicuramente dobbiamo abolire i papillon con la clip, assolutamente non adatti ad uno sposo. Anche qui, come nella sezione delle cravatte, stanno tornado di moda i papillon ricamati, in tricot e soprattutto quelli che hanno stoffe in fantasia.

I gemelli hanno origini molto lontane, infatti nei tempi antichi gli abiti venivano tenuti insieme con lacci o spille, e forse è proprio così che si sono, col tempo, trasformati in veri e propri accessori di lusso. I gemelli sono degli accessori che di norma si indossano in serate di gala o comunque in occasioni molto formali, come appunto il matrimonio.

Le tipologie di gemelli disponibili sono:

Torpedo, i gemelli che hanno una capsula sostenuta da due clip, le quali ruotando di 90° vengono inserite nelle due asole del polsino;

Coda di balena, i gemelli composti da un bottone piatto con una traversina che assomiglia ad una coda di balena, basta comunque girarla e inserirla nella seconda asola;

Fixed baking, sono i gemelli fissi e bisogna evitarli se non si è molto pratici;

Gemelli a catena, sono i gemelli uniti insieme da questa catenella che andrà a decorare sia la parte interna, che quella esterna, del polsino, rendendo tutto molto elegante. Una cosa molto gradita è la morbidezza del polsino.

La cintura è un altro elemento che non è così evidente, ma necessita sempre di un'attenzione nella scelta del colore e del materiale. Si prediligono le cinture di pelle con una fibbia semplice ed elegante. Mi raccomando di abbinarla sempre alle scarpe.

Per il resto degli accessori quali bretelle e calzini, lascio la scelta allo sposo. Potete optare per il classico oppure per un colore sgargiante o fantasioso, dipende moltissimo dal vostro stile e dal tema del matrimonio.

Due piccoli appunti: se lo sposo indossa cappello e guanti essi vanno tolti prima della cerimonia. Se lo sposo vuole indossare un orologio deve prediligere il modello a tre lancette invece che il cronografo e soprattutto preferire il cinturino in pelle, top se abbinato con scarpe e cintura.

IL LIBRETTO DELLA MESSA

La cerimonia va preparata con cura ed ora gli sposi partecipano attivamente alla composizione della cerimonia. Secondo il Nuovo Rito del Matrimonio CEI, la parte delle letture e dei canti vengono scelti in autonomia dagli sposi, mentre la parte del rito del matrimonio viene concordata insieme al sacerdote che celebrerà il rito.

Non fatevi prendere dall'ansia vista la vastità delle Letture presenti nella Bibbia, il sacerdote vi potrà aiutare nella scelta delle letture, altrimenti più avanti troverete le più gettonate.

Vi lascio qui di seguito la struttura del libretto:
- Riti di introduzione;
- Memoria del Battesimo;
- Prima Lettura (a scelta);
- Salmo Responsoriale (a scelta);
- Seconda Lettura (a scelta);
- Brano del Vangelo (a scelta);
- Promessa;
- Benedizione degli anelli;
- Benedizione nuziale.

I libretti vengono stampati in un formato A5 (14,8x21 cm) per rendere tutto più maneggevole, gli interni vengono stampati su carta normale, mentre la copertina viene realizzata con una carta più pregiata e adornata con nastrini o fiocchetti. Ovviamente tutto il materiale cartaceo deve essere realizzato con la medesima carta e lo stesso stile, nonché gli stessi colori.

Sulla copertina si può inserire oltre ai nomi degli sposi, alla data e alla chiesa in cui si celebrerà il rito, anche l'elemento grafico scelto dagli sposi. I libretti della messa possono essere inseriti all'interno delle Wedding Bag oppure vanno posizionati sui banchi della chiesa calcolandone alcuni in più per il celebrante e per i componenti del coro.

La prima lettura si colloca subito dopo il rito di introduzione e la memoria del Battesimo. Viene scelta tra le letture dell'Antico Testamento e di norma viene presa dalla Genesi.

Questi sono quelli che la Chiesa ha reputato i più adatti:

- Dal libro della Genesi 1, 26-28.31a "Dio creò l'uomo a sua immagine: maschio e femmina li creò.";

- Prima lettera ai Corinzi 13, 1-13 "Inno all'amore" San Paolo;

- Dal libro della Genesi 2, 18-24 "I due saranno una carne sola";

- Dal libro della Genesi 24, 48-51.58-67a "Isacco amò Rebecca e trovò conforto dopo la morte della madre";

- Dal libro della Genesi 29, 9-20 "A Giacobbe sembrarono pochi i sette anni di servizio, tanto era grande il suo amore per Rachele";

- Dal libro del Deuteronomio 6, 4-9 "Sugli stipiti della tua casa e sulle porte scrivi: il Signore è il nostro Dio";

- Dal libro di Tobia (Tb 7, 9-10.11-17);

- Dal libro di Tobia 8, 4b-8 "Preghiamo e domandiamo al Signore che ci dia grazia e salvezza";

- Dal libro dei Proverbi 31,10 - 13.19 - 20.30 - 31 "La Donna che teme Dio è da lodare";

- Dal Cantico dei Cantici 2,8 - 10.14.16a; 8,6 - 7a "Forte come la morte è l'amore";

- Dal libro di Siracide 26,1-4.13-16 "La bellezza di una donna virtuosa adorna la tua casa";

- Dal libro del profeta Isaia 54,5-10 "Anche se i monti si spostassero, non si allontanerebbe da te il mio affetto";

- Dal libro del profeta Isaia 62,1-5 "Come gioisce lo sposo per la sposa, così il tuo Dio gioirà per te";

- Dal libro del profeta Geremia 31, 31-32a.33-34a "Concluderò con la casa d'Israele e con la casa di Guida un'alleanza nuova";

- Dal libro del profeta Ezechiele 16, 3-14 "Passai vicino a te. Ti vidi e ti amai";

- Dal libro del profeta Ezechiele 36, 24-28 "Porrò il mio spirito dentro di voi";

- Dal libro del profeta Osea 2, 16-17b -22 "Nella benevolenza e nell'amore tu conoscerai il Signore";

- Dal libro dell'Apocalisse di San Giovanni Apostolo (Ap 19, 1.5-9).

Di seguito alcune indicazioni per la lettura del Salmo Responsoriale che riprende la prima lettura e viene letto da una persona cara alla coppia. Come per la prima lettura vi lascio qui di seguito la lista di quelli definiti dalla Chiesa più in linea con il rito del matrimonio.

Salmo 39	Salmo 111
Salmo 127	Salmo 44
Salmo 148	Salmo 120
Salmo 85	Salmo 32
Salmo 126	Salmo 85
Salmo 99	Salmo 138
Salmo 144	Salmo 45
Salmo 102	Salmo 33

La Seconda Lettura viene, come tutto il resto, scelta dagli sposi. Ovviamente il sacerdote vi aiuterà a rendere omogeneo il messaggio da trasmettere con queste vostre scelte. Vi lascio qui di seguito i titoli delle letture che la Chiesa ritiene più idonee.

- Dalla lettera di San Paolo apostolo ai Romani * 5, 1-11 "Nella morte di Cristo per i peccatori si rivela l'amore del Padre";

- Forma breve: Dalla lettera di San Paolo apostolo ai Romani 5, 1-11 "L'amore di Dio è stato riversato nei nostri cuori";

- Dalla lettera di San Paolo apostolo ai Romani (Rm 8, 31-35.37-39) "Chi ci separerà dall'amore di Cristo?";

- Dalla lettera di San Paolo apostolo ai Romani (Rm 12, 1-2.9-18) "Offrite i vostri corpi come sacrificio vivente, santo e gradito a Dio";

- Forma breve: Dalla lettera di San Paolo apostolo ai Romani (12, 1-2.9-13) "La carità non abbia finzioni";

- Dalla lettera di San Paolo apostolo ai Romani (15, 1b-3a.5-7.13) "Accoglietevi gli uni gli altri come Cristo ha accolto voi";

- Dalla prima lettera di San Paolo apostolo ai Corinzi (1Cor 6, 13-15.17-20) "Il vostro corpo è tempio dello Spirito Santo";

- Dalla prima lettera di San Paolo apostolo ai Corinzi (1Cor 12, 31-13, 1) "La carità non avrà mai fine";

- Forma breve: Dalla prima lettera di San Paolo apostolo ai Corinzi (12, 31-13, 8a) "Se non ho la carità niente mi giova";

- Dalla lettera di San Paolo apostolo agli Efesini 1, 3-6 "Il Padre nella sua bontà ci ha voluto figli in Cristo Gesù";

- Dalla lettera di San Paolo apostolo agli Efesini * 1, 15-23 "Il Padre illumini i vostri occhi per farvi comprendere a quale speranza vi ha chiamati";

- Forma breve: Dalla lettera di San Paolo apostolo agli Efesini 1, 15-20a "La chiamata all'amore per una più profonda conoscenza del Padre";

- Dalla lettera di San Paolo apostolo agli Efesini 3, 14-21 "Dal Padre celeste deriva ogni paternità nelle creature";

- Dalla lettera di San Paolo apostolo agli Efesini 4, 1-6 "Un solo Signore... un solo Dio Padre di tutti";

- Dalla lettera di San Paolo apostolo agli Efesini 5, 2a.25-32 "Questo mistero è grande; lo dico in riferimento a Cristo e alla Chiesa!";

- Dalla lettera di San Paolo apostolo ai Colossesi * 3, 9b-17 "Tutto si compia nel nome di Gesù, il Signore";

- Dalla prima lettera di San Paolo apostolo ai Tessalonicesi (5, 13b-28) "Non spegnete lo Spirito e non disprezzate le profezie";

- Dalla lettera agli Ebrei 13, 1-4a.5-6 "Il matrimonio sia rispettato da tutti";

- Dalla prima lettera di San Pietro apostolo (1Pt 2, 11; 3, 1-9) "Siate tutti concordi, animati da affetto fraterno";

- Dalla prima lettera di San Giovanni apostolo (1Gv 3, 18-24) "Amiamo coi fatti e nella verità: da questo conosciamo che dimora in noi lo Spirito";

- Dalla prima lettera di San Giovanni apostolo (1Gv 4, 7-12). "Dio è amore, sale della terra e luce del mondo".

Ora manca solamente la scelta del brano del Vangelo:

- Dal vangelo secondo Matteo (Mt 5, 1-12)
"Rallegratevi ed esultate, perché grande è la vostra ricompensa nei cieli";

- Dal vangelo secondo Matteo (Mt 5, 13-16)
"Sale della terra e luce del mondo";

- Dal Vangelo secondo Matteo 6, 25-34
"Non affannatevi per il domani";

- Dal vangelo secondo Matteo (Mt 7, 21.24-29)
"Costruì la sua casa sulla roccia";

- Dal Vangelo secondo Matteo 18, 19-22
"Io sono in mezzo a voi";

- Dal Vangelo secondo Matteo (Mt 19, 3-6)
"Quello che Dio ha congiunto, l'uomo non separi";

- Dal vangelo secondo Matteo (Mt 22, 35-40)
"Questo è il primo dei comandamenti";

- Dal Vangelo secondo Matteo 28, 16-20
"Andate e insegnate a osservare tutto ciò che vi ho comandato";

- Dal Vangelo secondo Marco* 10, 1-12
"All'inizio della creazione li creò maschio e femmina";

- Dal Vangelo secondo Marco (Mc 10, 6-9)
"Non sono più due, ma una carne sola";

- Dal Vangelo secondo Marco 16, 15-20
"Il Signore operava insieme con loro e confermava la parola con i prodigi che l'accompagnavano";

- Dal Vangelo secondo Luca 6, 27-36
"Siate misericordiosi come il Padre vostro celeste";

- Dal Vangelo secondo Luca 11, 9-13
"Il segno delle nozze di Cana";

- Dal Vangelo secondo Luca 14, 12-23
  "Beato chi mangerà il pane nel regno di Dio";

- Dal Vangelo secondo Luca 20, 27-38
  "I figli della risurrezione sono figli di Dio";

- Dal vangelo secondo Giovanni (Gv 2, 1-11) "Il segno delle nozze di Cana";

- Dal Vangelo secondo Giovanni 3, 28-36a
  "Giovanni il Battista esulta di gioia alla voce di Cristo sposo";

- Dal Vangelo secondo Giovanni 14, 12-17
  "Chi crede in me compirà le opere che io compio";

- Dal Vangelo secondo Giovanni 15, 1-17
  "Io vi ho scelto e vi ho costituiti perché andiate e portiate frutto e il vostro frutto rimanga";

- Dal Vangelo secondo Giovanni *15, 9-17
  "Amatevi come io vi ho amati";

- Forma breve: Dal Vangelo secondo Giovanni 15, 9-12
  "Rimanete nel mio amore";

- Dal Vangelo secondo Giovanni 15, 12-16
  "Questo è il mio comandamento: che vi amiate gli uni gli altri";

- Dal vangelo secondo Giovanni (Gv 17, 20-26)
  "Tutti siano una cosa sola".

All'interno del libretto, molto spesso, si inseriscono anche i canti. Vediamo insieme i brani più scelti e soprattutto vediamo i vari momenti scanditi dai canti.

L'arrivo dello sposo dovrà essere accompagnato da una musica allegra e festosa, mentre successivamente si passa ad una musica più soft e di sottofondo per l'attesa della sposa, per poi ritornare solenne e allegra al suo ingresso. Successivamente nell'offertorio, nello scambio degli anelli e nella consacrazione ritorniamo a canti molto soft, mentre ritornano briosi al momento della comunione. L'uscita degli sposi invece deve essere scandita da un canto molto brioso e allegro.

Ingresso sposa

- R. Wagner: Marcia nuziale del Lohengrin

- F. Mendelssohn: Marcia nuziale
- W.A. Mozart: Marcia nuziale da Le nozze di Figaro
- G.F. Händel: Minuetto n.2 da Watermusic
- M. A. Charpentier: Preludio al Te Deum
- J. S. Bach: Corale della cantata 147 per coro e organo
- G. Pierluigi da Palestrina: brani dal Magnificat.
- Canon in D – Johann Pachelbel
- Aria sulla quarta corda – Johann Sebastian Bach
- Prince of Denmark's March – Jeremiah Clarke

La Comunione

- T. Albinoni: Adagio in Sol Minore (anche se in realtà in origine era stato composto come marcia funebre);
- J. S. Bach: Ave Maria;
- J. S. Bach: Adagio da Toccata e Fuga in Re minore;
- C. Gounod: Ave Maria;
- F. Schubert: Ave Maria;
- W.A. Mozart: Romanza de Eine kleine Nachtmusik;
- W. A. Mozart: Ave Verum Corpus;
- R. Schumann: Sogno d'amore;
- G.F. Händel: Largo da Serse.

Uscita dalla chiesa

- F. Mendelssohn: Marcia nuziale;
- W.A. Mozart: Exultate Jubilate dalla messa K437;
- A. Vivaldi: Sonata n.6 da Il Pastor Fido;
- J. Brahms: Corale dal S. Antonio;
- L. van Beethoven: Corale da Il Monte degli Ulivi;
- G.F. Händel: Alleluia.

Questi sono solo alcuni dei brani più gettonati, ma nessuno esclude di modificarli, quindi parlatene con il sacerdote o con le persone ingaggiate per suonare in chiesa, sicuramente vi sapranno consigliare al meglio.

LA CONFETTATA

Le origini dei confetti risalgono addirittura all'Antica Roma, dove gli invitati alla festa portavano al festeggiato delle caramelle dure di buon auspicio. Ancor prima si racconta che un giovane medico arabo ricoprì una medicina con dello zucchero per renderla più appetibile, creando l'idea del confetto, non a caso molti chiamano le pasticche "confetti".

Ma la forma che conosciamo oggi comparve nel 1400 a Sulmona in Abruzzo, il regno del confetto. Anche i reali d'Inghilterra hanno scelto il confetto lavorato in Abruzzo per tutti i matrimoni reali a partire da Carlo e Diana per seguire con quelli dei due figli.

Una confettata che si rispetti avrà circa 7/8 gusti differenti di confetti e di norma si calcolano circa 100 gr ad invitato. I confetti di norma vengono disposti in coppe di vetro o alzatine nelle quali vengono posizionate bacchettine con i nomi oppure i classici cartellini per riconoscere i vari gusti. Se si hanno ospiti con intolleranze o allergie è bene predisporre alcuni confetti anche per loro. Se si hanno molti bambini si può anche predisporre un Candy Bar, ovvero un tavolo con caramelle e dolciumi di ogni genere.

IL GUESTBOOK

Nell'organizzazione del matrimonio è molto importante far quadrare i conti, organizzare tutto al meglio, creare un evento unico e magico, ma la cosa più importante è portarsi via tutti i ricordi possibili. Il guestbook è un album sul quale gli invitati potranno lasciarvi un pensiero. Ve ne sono di diversi.

Per i più classici abbiamo il libro, detto proprio Guestbook, dove si potranno scrivere i propri pensieri o delle frasi di auguri. Molti invitati, soprattutto nei matrimoni giovanili, sono un po' restii a scrivere su di un libro che tutti possono leggere, quindi perché non predisporre dei foglietti che poi, una volta scritti, verranno inseriti in una cassetta, in una bottiglia o in una scatola? Così tutti si sentiranno liberi di esprimersi sapendo che solamente gli sposi leggeranno ciò che loro hanno scritto.

Per coloro che hanno un tema vintage è bellissimo posizionare una macchina da scrivere con molti fogli bianchi. Gli ospiti potranno usarla per lasciarvi dei dolci ricordi.

Un'idea molto gettonata è l'albero della vita da colorare con le impronte digitali e poi gli sposi ne faranno uno splendido quadro che ricorderà per sempre quel magnifico giorno.

Per gli amanti della fotografia è molto gettonato l'uso della Polaroid. Ogni invitato può scattare delle foto che poi attaccherà direttamente ad un album oppure ad un filo con le mollettine.

Queste sono solamente alcune delle idee per la creazione di un originalissimo guestbook.

2 Me

si

prima...

L'ADDIO AL NUBILATO

L'addio al nubilato crea sempre un po' di ansia nella sposa, già sommersa da mille impegni e quant'altro. La tradizione vuole che durante l'addio al nubilato la sposa venga portata in mezzo alle più dure tentazioni per vedere se effettivamente il suo amore per il futuro sposo è reale e non solamente di convenienza. Oggi la festa dell'addio al nubilato si è nettamente modificata, divenendo una festa dedicata a coccolare e far divertire la sposa. Di solito se ne occupano le testimoni e le damigelle all'organizzazione dell'evento, ma molto spesso si ricorre ad una Wedding planner. Le serate piene di accessori fallici ormai sono fuori moda e rendono tutto molto volgare, non tutte le spose sono contente di questo tipo di evento. Sicuramente sarebbe più gradevole un evento dove divertirsi con le amiche, coccolarsi e poter far vedere le foto in un futuro.

Vi lascio qui di seguito alcune idee sugli addii al nubilato più gettonati, poi saranno le testimoni ad avere l'ultima parola:

- un tour in rosa: bastano 2/3 giorni fuori casa con le amiche di una vita, non bisogna per forza andare dall'altra parte del mondo, basta un agriturismo o semplicemente un albergo al centro della città per vivere un fine settimana all'insegna della movida. Se poi le amiche sono disponibili si può anche pensare ad una Capitale Europea, ma occorrono 3 mesi per organizzarsi in anticipo per tutte le partecipanti;

- se la sposa è un fanatica dell'attività fisica, si potrebbe organizzare un tour sportivo con varie lezioni di yoga, running, boxe e chi più ne ha più ne metta, magari unite ad una spa, per le amiche meno sportive;

- quando la sposa è un amante dell'outfit, perché non dedicarle una giornata di shopping? Un bel giro in centro, nel suo negozio preferito, in compagnia delle sue amiche;

- se si vuole fare qualcosa di pazzo e sopra le righe possiamo portare la nostra sposa anticonformista a fare una lezione di danza del ventre, di burlesque o di lap dance;

- se si vuole fare qualcosa di molto classico e tradizionale perché non concedersi un giorno alla spa? Tutte le partecipanti si rilasseranno, tra chiacchere e centrifughe.

- se la sposa si sente una principessa, la sua festa dovrà essere piena di emozioni, con una cena da sogno e tanti regali;

* quando ci troviamo di fronte una sposa raffinata, prepariamoci ad organizzarle una cena in un ristorante stellato ed una serata di gala tutta per lei.

Queste sono solo alcune idee per l'addio al nubilato, ovviamente le amiche sapranno rendere speciale la serata dedicata alla sposa. Consiglio solamente di limitare l'uso di oggetti fallici che ormai rendono solo le cose volgari e non divertenti.

L'ADDIO AL CELIBATO

L'addio al celibato crea sempre un po' di ansia nella sposa, ma non perché non crede nella fedeltà del futuro marito, ma si sa che quando sono in gruppo i maschietti si lasciano trasportare facilmente. Per stare tranquilla e goderti questo momento in serenità affidati al suo miglior amico e fidati di lui. Penso che nessuno parta con l'intenzione di tradire la sposa prima del matrimonio, quindi tranquilla! Lascia leggere questa parte dell'agenda al tuo futuro marito così si potrà fare qualche idea sull'addio al celibato che preferisce.

Ecco qui di seguito alcune idee pensate appositamente per delle serate al maschile. Se trovi qualcosa di interessante riferiscilo al tuo testimone di nozze, il quale sicuramente farà il possibile per realizzare il tuo sogno.

Un week end all'estero con gli amici per godersi un po' di serenità e tranquillità prima del grande giorno;

Una serata al Casinò, dove vi sentirete molto James Bond. Ma attenzione al portafoglio!

Una giornata all'insegna dello sport estremo. Potreste praticare il bungee jumping, un corso di guida sportiva, una gita in off road, una corsa su pista con macchine sportive, un volo in paracadute, ecc.;

Un fine settimana in un'azienda agricola e vinicola. Qui potreste trascorrere delle bellissime giornate all'insegna della natura, del relax e del buon cibo;

Una giornata in un parco divertimenti per tutti i futuri sposi che ancora amano le giostre e gli ottovolanti;

Un fine settimana in campeggio o all'aria aperta dove poter praticare caccia e pesca e organizzare dei piccoli tornei di softair;

La partecipazione ad un evento sportivo o musicale. Questo bisogna sceglierlo con cura e fare in modo che gli amici che parteciperanno siano interessati, altrimenti vi ritrovereste a fare un addio al celibato con solo i testimoni.

Queste sono solo alcune delle idee studiate per i maschietti, ma vi sono sempre infinite possibilità e personalizzazioni dell'evento. Chi meglio dei vostri amici vi conosce? Sicuramente riusciranno a rendere particolare e indimenticabile questa serata o questo week end.

FISSARE GLI ULTIMI APPUNTAMENTI

Ci stiamo avvicinando al grande giorno, ormai mancano solo due mesi. Staranno arrivando già le prime conferme degli invitati, quindi per coloro che necessitano di alloggio è bene confermare le stanze.

Fissiamo molto scrupolosamente tutti gli ultimi appuntamenti quali:

- Le prove trucco
- Le prove dell'acconciatura
- Le ultime prove dell'abito
- Gli appuntamenti con l'estetista
- L'ultimo appuntamento con la location
- L'ultimo appuntamento con il fiorista

Sicuramente sarete sommerse di cose da fare, ma non dimenticate di riposarvi un pochino per non arrivare al giorno del matrimonio stremate.

ese

rima...

ALLESTIMENTO A CASA

Ogni sposa esce dalla casa paterna. Capiterà sempre, tranne per alcune spose molto fortunate, che si faranno dei piccoli lavoretti per risistemare l'esterno e l'interno in vista del futuro matrimonio e mentre i maschietti si occuperanno dei lavori, noi ci dedicheremo alla sistemazione logistica dei buffet, del tavolo dei regali e molto altro.

La casa è spesso sottovalutata, non le si dedica mai la giusta attenzione. Le zone a cui dobbiamo prestare attenzione sono l'esterno adiacente alla porta d'uscita, il salone/cucina, il bagno e la camera da letto in cui si preparerà la sposa.

Per prima cosa togliamo tutti i ninnoli che riteniamo superflui o che possano distogliere l'attenzione dalla sposa. Dobbiamo fare attenzione ad ogni dettaglio, in quanto i nostri ospiti si muoveranno liberamente all'interno della nostra casa.

È bene creare un addobbo in linea con lo stile del matrimonio, ma molto spesso i colori scelti vanno in contrasto con i colori o lo stile della casa, se ciò dovesse accadere puntate al bianco ed il gioco è fatto.

All'esterno, di solito, ci pensa il fiorista con archi, fioriere, alzatine e quant'altro. Ovviamente se disponete di un bel giardino curato eviterei di caricare ulteriormente, mentre se state scendendo da un palazzo è bene coprire il portone ed impreziosirlo con una passatoia e qualche dettaglio floreale ai lati.

All'interno dell'abitazione la prima zona da curare nel dettaglio è la sala dove i nostri ospiti attenderanno l'uscita della sposa. Nella sala principale è bene predisporre un piccolo buffet per i nostri invitati, che la tradizione chiama *"la Tavola Bianca"*.

Cosa metterci su questa tavola? Come allestirla? È proprio necessario farla?

Ebbene sì, tutti gli ospiti si aspettano un piccolo buffet nell'attesa, quindi ora vediamo cosa metterci in funzione dell'orario del matrimonio.

Se l'uscita della sposa si svolge tra le 10:00 e le 11:00 è bene metterci cornetti e paste, con succhi e caffetteria.

Se l'uscita della sposa si svolge tra le 11:00 e le 13:00 possiamo pensare ad un aperitivo, con drink analcolici, rustici e snack.

Se l'uscita della sposa si svolge tra le 14:00 e le 16:00 prepariamo un buffet dolce con biscotti e torte secche.

Se l'uscita della sposa si svolge dopo le ore 16:00 allestiremo la nostra tavola con aperitivi analcolici, rustici e snack.

Mi raccomando è bene non esagerare con il buffet e soprattutto prediligere dei cibi di piccole dimensioni, facili da mangiare e che non sporchino gli abiti degli invitati.

Ovviamente non possono mancare i confetti!

Ricorda di predisporre un tavolo per i regali che si riceveranno qualche giorno prima del matrimonio e alcuni proprio il giorno del matrimonio. Questo tavolo si può posizionare in una zona del salotto o addirittura in una stanza adibita solamente per questo.

Ora passiamo alla camera da letto dove si svolgeranno i preparativi della sposa e in alcuni casi anche delle damigelle, se invece si dispone di due camere è bene allestire la camera dei genitori per la sposa e la seconda camera per le damigelle.

Il discorso del mobilio in eccesso va applicato anche nelle camere, lasciare solamente gli arredi che possano essere utili e che non distolgano lo sguardo dalla sposa.

Nella camera della sposa è bene mettere un copriletto bianco e appendere l'abito da sposa all'armadio così da lasciarlo lungo per evitare di stropicciarlo. Consultatevi anche con il fotografo per la disposizione di luci e lampade e soprattutto con la make-up artist e l'hair stylist per gli spazi di cui necessitano.

Qualora volessimo limitare l'accesso ad alcune stanze, possiamo predisporre di tavolini adornati con fiori freschi e confetti, a chiudere alcuni accessi.

Tutti i discorsi che abbiamo fatto per la sposa devono esser fatti anche a casa dello sposo.

Ricorda di predisporre sempre la forbice ed il nastro da tagliare!

Il gio

COSE DA RIVEDERE PRIMA DEL MATRIMONIO

Ci stiamo avvicinando al grande giorno e dopo tutto questo immenso lavoro non possiamo di certo battere la fiacca. Prepara una check-list di tutte le cose che dovranno essere pronte e delle ultime conferme che dovremmo dare ai fornitori.

- I documenti sono pronti?
- I fornitori sono stati informati degli orari?
- Gli abiti delle damigelle e dei paggetti sono pronti?
- Le fedi sono state ritirate?
- L'autista sa bene gli orari?
- Le case degli sposi sono pronte?
- Libretti e coni per il riso sono stati portati al fiorista per la sistemazione in chiesa?
- La musica è stata stabilita?
- Lista nozze? Viaggio nozze?
- Valigie pronte? Passaporto?
- Le Wedding Bag sono state terminate?
- Coccarde per le auto?
- Allestimenti alla location?
- Alloggi invitati?
- Cena per gli ospiti venuti da lontano?

Ora che tutto è sotto controllo possiamo dedicarci ad un attimo di relax, in compagnia dei familiari più stretti e delle amiche di una vita.

Vediamo intanto le venti cose che di solito le spose dimenticano, ma non fatevi prendere dall'ansia, sono tutte cose che si possono fare in pochissimo tempo.

☐ Le composizioni floreali e soprattutto il bouquet. Definite per bene gli orari di consegna, così da accordarsi con il fotografo ed il videomaker per le foto di rito.

☐ Le Thank you cards da inviare a tutti coloro che hanno partecipato al matrimonio o che semplicemente hanno inviato un dono ai futuri sposi. Tranquille ci sono due mesi di tempo per inviarle, ma è bene studiarle in stile con le partecipazioni.

☐ Ricordiamoci di prendere un piccolo cadeaux per le damigelle e per i paggetti che ci hanno accompagnato in tutto l'evento.

☐ Preparare il kit di emergenza per la sposa da comporre con una tisana rilassante, dei fazzolettini, un cerottino per le vesciche, un lucidalabbra, delle mentine e caramelle per i cali di zuccheri, una limetta per le unghie, un kit del cucito, dei collant di ricambio, una forbicina, una manciata di spillete, qualche penna e pennarello ed una cravatta di scorta per lo sposo.

☐ Un kit per i nostri ospiti da fargli trovare nella toilette della location. Durante un ricevimento possono succedere moltissime cose tra un brindisi e l'altro, quindi pensiamo ad un cestino con lo smacchiatore, dei cerottini per le vesciche, delle salviettine rinfrescanti, una lacca, dei dischetti struccanti ed un piccolo kit per il cucito.

☐ Ricordiamoci di riconfermare alla location gli invitati con particolari esigenze alimentari e di ricordarcene anche per le isole particolari come può essere un candy bar oppure un angolo della frittura.

☐ Il giorno delle nozze dobbiamo ricordarci la donazione alla Chiesa, se vogliamo possiamo affidare il compito ad un parente di fiducia oppure assolvere il compito qualche giorno prima.

☐ Provvedere all'acquisto della vestaglia per le foto di rito prima della preparazione.

☐ Ricontrollare il meteo e verificare la riuscita del piano B.

☐ Avete scelto chi leggerà in chiesa? Possiamo fare un'accortezza a coloro che si prodigheranno per voi durante la cerimonia, stampiamo la parte che dovranno leggere così da fargli prendere più confidenza con il testo.

☐ Controllate di avere i cinque elementi della tradizione, nuovo, vecchio, prestato, regalato e blu.

☐ Considerate nei tragitti il traffico e le ore di punta.

☐ Evitare stoviglie di plastica o di carta, tirate fuori i piattini del servizio buono ed il gioco è fatto.

☐ Ricordatevi di prendere il riso che non macchia gli abiti.

☐ Se vi sposerete in estate predisponete all'interno dell'addobbo floreale delle piante che allontanano gli insetti indesiderati. Nel cestino posto nella toilette disponiamo anche uno spray repellente e uno stick per le punture.

☐ Non ci dimentichiamo gli amici a quattro zampe. Cerchiamo per tempo una dog sitter se vogliamo lasciarli a casa o parliamo con la location per predisporre degli spazi ad hoc per i nostri fedeli amici.

☐ Stabilire chi si occuperà di sistemare gli addobbi a casa prima di correre in chiesa.

☐ Stabilire chi si occuperà degli addobbi in chiesa, sicuramente sarà il fiorista, ma meglio esserne certi.

☐ Stessa cosa per gli addobbi della location, chi se ne occupa subito dopo i festeggiamenti?

☐ Verificare il pagamento della SIAE.

☐ L'auto della sposa e dello sposo è stata revisionata, pulita ecc.?

☐ Regali testimoni, genitori, damigelle e paggetti?

☐ Permessi per il parcheggio?

☐ Crea una lista delle foto che non vuoi che manchino nel tuo album di nozze.

E anche la check-list finale l'abbiamo fatta! Se tutto è ok puoi dedicarti ad un momento di relax con il futuro marito.

Il g

ande

giorno

IL GIORNO DELLE NOZZE

In questo capitolo andremo a vedere i momenti salienti della cerimonia e del ricevimento, inserendo anche accenni al galateo e alla tradizione.

L'inizio della giornata parte con i preparativi dei due sposi, mentre la sposa sarà alle prese con trucco e parrucco, lo sposo si starà godendo gli ultimi momenti di relax. Il galateo vuole che lo sposo insieme al bouquet faccia recapitare alla sposa anche una lettera d'amore con alla fine la fatidica frase "ti aspetto all'altare".

Ovviamente durante i preparativi ci saranno tutte le foto di rito con genitori e parenti. Dopo di che siamo pronti per avviarci in chiesa. Mi raccomando di salire in macchina dalla stessa parte dove poi scenderete. Ovviamente non sedetevi sul velo altrimenti vi si stropiccerà e quando arriverete in chiesa non sarà a piombo.

La madre della sposa dovrà arrivare per prima in chiesa, insieme ai testimoni, e accogliere tutti gli invitati che aspetteranno l'ingresso degli sposi all'interno.

Poco dopo arriverà in chiesa lo sposo con tutti i suoi parenti. Questi ultimi si dovranno accomodare all'interno nella parte destra della navata, in successione arriveranno gli invitati della sposa che si andranno ad accomodare nella parte sinistra della navata. Solo quando tutti gli invitati saranno seduti, lo sposo con la mamma, alla quale porgerà il braccio sinistro, faranno l'entrata in chiesa e si posizioneranno sull'altare in attesa dell'arrivo della Sposa.

Il ritardo della sposa non deve mai superare i 10/15 minuti.

Una volta scese dall'auto non vi resta che fare un bel respiro ed entrare! Mi raccomando fatevi sistemare per bene il velo da un'amica e preparatevi al grande ingresso. Arriverete a sinistra accompagnata da vostro padre, o dalla figura prescelta. Stringete gli addominali, tirate indietro le spalle e procedete a passo deciso e lento verso il futuro sposo. Il bouquet lo terrete nella mano sinistra posizionato all'altezza dei fianchi. Lo sguardo dovrà essere fisso sullo sposo, che sarà, il vostro obiettivo. Arrivate all'altare vostro padre saluterà la mamma dello sposo. Successivamente voi saluterete la vostra futura suocera e poi vostro padre vi lascerà nelle mani del vostro futuro marito. Quest'ultimo, il vostro futuro sposo, vi alzerà il velo e l'emozione sarà alle stelle. Mi raccomando niente baci!

Vi ricordo che l'ultima persona che entra in chiesa deve essere la sposa e nessun'altro!

Terminato il rito, gli sposi ed i testimoni si tratterranno per le firme del registro mentre tutti gli invitati si accomoderanno fuori in silenzio. Finita la parte burocratica lo sposo porgerà il braccio destro alla sposa e insieme si incammineranno verso l'uscita dove vi saranno tutti gli invitati ad attenderli con il tradizionale lancio del riso.

Il lancio del riso è un'usanza che nasce nella terra del Sol Levante, quando durante i periodi di carestia, il genio buono, sacrificò i suoi denti, spargendoli nella palude per alleviare le sofferenze dei cittadini affamati. L'acqua fece germogliare questi denti e nacquero le piantine di riso. Ecco perché questo cereale è sinonimo di abbondanza e fertilità e viene lanciato dopo le cerimonie. Molti sacerdoti non consentono agli sposi di usare il riso perché sembrerebbe uno spreco, quindi a volte si opta per petali di fiori, semini, bolle di sapone o coriandoli.

Finita la cerimonia, molti sposi si prendono un po' di tempo per fare le foto, ma mi raccomando di non far attendere troppo gli invitati, o comunque cercate di farli rifocillare con un welcome drink e un po' di intrattenimento.

All'arrivo degli sposi in location l'etichetta impone un brindisi insieme a tutti gli invitati per poi essere serviti con una selezione dell'aperitivo che è stato già servito in loro assenza.

A questo punto tutti gli invitati si accomoderanno in sala e solo quando tutti saranno seduti gli sposi faranno il loro ingresso e solamente quando saranno giunti al loro tavolo verrà fatto un nuovo brindisi.

Durante tutto il ricevimento la coppia non si dovrà mai separare e dovranno andare insieme a ringraziare tutti gli invitati.

Arriviamo ora al momento del taglio della torta. La tradizione vuole che la torta arrivi intera e che gli sposi, sotto i flash del fotografo, taglino insieme la prima fetta.

La sposa dovrà impugnare la paletta da dessert con la mano destra e lo sposo posizionerà la sua sopra quella di lei facendo così il primo taglio. Le prime porzioni vengono distribuite dalla sposa che le consegna:

1. la prima allo sposo, simboleggiando la scelta di rimanergli accanto tutta la vita;

2. la seconda fetta viene consegnata alla suocera;

3. la terza fetta alla mamma;

4. la quarta fetta al suocero;

5. la quinta fetta al padre;

6. le successive ai testimoni.

Saranno poi i camerieri a servire gli altri ospiti.

Il primo assaggio della torta lo dovranno fare gli sposi insieme, porgendosi a vicenda il dolce. La tradizione vuole che una parte della torta venga conservata per poi esser consumata durante il giorno del primo anniversario o durante il battesimo del primogenito. Essendo una tradizione difficile da rispettare, potete mangiarla tutta o dividerla con i parenti più golosi.

Vista l'importanza del momento è possibile che gli sposi invitino altri ospiti, non partecipanti al banchetto, ad assistere al momento del taglio della torta. Per fare tutto ciò è necessario che la cena termini in orario per non far attendere troppo i nuovi ospiti o comunque intrattenendoli con un welcome drink e della buona musica.

Successivamente al taglio della torta si aprono le danze, anche se ormai queste vengono anticipate tra una portata e l'altra. Il primo ballo, secondo il galateo, è riservato alla sposa ed al padre. Lo sposo potrà ballare con sua madre, ma di solito si sceglie di lasciare questo momento alla sposa. Al termine della musica il padre della sposa concederà la mano di sua figlia al neo genero e si avvieranno al loro primo ballo insieme. Terminato il loro ballo, gli sposi, assisteranno al ballo delle loro famiglie, ovvero il padre della sposa ballerà con la madre dello sposo e viceversa. Finito anche questo momento, la pista sarà aperta a tutti gli invitati.

Mi raccomando ogni ballo non dovrà superare i quattro minuti.

La tradizione non pone regole sulla scelta della musica, quindi si può scegliere in completa autonomia la tipologia di musicisti e di brani.

Finito il ricevimento gli sposi possono scegliere quattro metodi di congedo:
- **uscita anticipata tradizionale**, dove gli sposi passano per ogni tavolo a salutare gli invitati consegnando loro le bomboniere;
- **uscita anticipata riservata**, dove gli sposi lasciano il ricevimento prima degli invitati salutando solamente gli ospiti più importanti;
- **uscita anticipata romantica**, dove gli sposi lasciano il ricevimento in auto tra i saluti degli invitati;

- **uscita ritardata classica**, dove gli sposi salutano tutti gli invitati man mano che lasciano il ricevimento.

Quando si scelgono le uscite anticipate, i genitori degli sposi dovranno rimanere fino alla fine dell'evento per salutare gli ospiti che lasceranno il ricevimento.

Dal g

...iorno dopo...

LA DIVISIONE DELLE SPESE

La tradizione vuole che le spese del matrimonio siano divise tra la famiglia della sposa e la famiglia dello sposo. Nonostante adesso gli sposi tendano a pagarsi tutto da soli, vediamo lo stesso la divisione delle spese.

Il galateo vuole che la famiglia della sposa si faccia carico:

- degli inviti del matrimonio;

- delle bomboniere;

- del corredo;

- dei costi della cerimonia;

- dei costi del ricevimento;

- dell'abito da sposa;

- degli abiti di damigelle e paggetti;

- del fotografo;

- dei musicisti;

- del pernottamento degli invitati;

- delle decorazioni floreali;

- del materasso matrimoniale.

Alla famiglia dello sposo invece spetterebbero le spese per:

- l'acquisto delle fedi;

- l'abito dello sposo;

- l'acquisto del viaggio di nozze;

- il bouquet;

- la futura casa;
- il mobilio della casa;
- l'auto degli sposi.

I RINGRAZIAMENTI

La tradizione vuole gli sposi abbiano cura di spedire i ringraziamenti a tutti gli invitati che li hanno omaggiati con un pensiero. Questi bigliettini dovranno essere rigorosamente scritti a mano per trasmettere la cura e l'importanza del gesto. Questi ringraziamenti si devono inviare dopo il ricevimento per mezzo posta o a mano durante un incontro. È sconsigliato consegnarli durante il ricevimento perché perderebbero di senso, gli sposi non avrebbero il tempo di verificare il dono ricevuto e al tempo stesso creare un bigliettino di ringraziamento personalizzato. Utilizzare dei bigliettini preconfezionati con la stessa frase è assolutamente vietato.

Il bigliettino di ringraziamento dovrà avere lo stesso stile della partecipazione.

Tenete presente che è opportuno inviare il bigliettino di ringraziamento anche a coloro che non hanno partecipato al matrimonio ma vi hanno lo stesso donato un pensiero.

IL MATRIMONIO E LE SUE CURIOSITÀ

Il matrimonio oltre ad avere molte tradizioni da rispettare ha anche molte curiosità che non conosciamo.

Vediamo come sono nate quelle che conosciamo bene come il lancio della giarrettiera. Tutto nasce in Europa quando si credeva che ottenere un pezzo del vestito della sposa portasse fortuna, per cui molti invitati si apprestavano a farsi tagliare un piccolo pezzo. Quando le spose si sono stufate di vedere il loro abito in brandelli hanno deciso di lanciare gli accessori, quali bouquet, giarrettiera e guanti. Nella versione odierna è lo sposo che si appresta a sfilare la giarrettiera alla sposa, mentre prima erano gli invitati celibi che si dovevano impossessare della giarrettiera per poi apporla sul proprio cappello come trofeo. Se la sposa non dovesse portare la giarrettiera si passa a lanciare la scarpa destra.

La tradizione vuole che il ragazzo celibe che ha ricevuto la giarrettiera balli con la ragazza nubile che ha ricevuto il bouquet per favorire la loro conoscenza.

Una tradizione più popolare è quella di tagliare la giarrettiera e la cravatta dello sposo per poi donarle agli invitati in cambio di una piccola somma di denaro. Il galateo vieta assolutamente questo modo di fare in quanto lo ritiene di cattivo gusto.

Una tradizione, abbastanza particolare, vuole che se un'invitata celibe dorme con una fetta di torta nuziale sotto il proprio cuscino, incontrerà lo sposo dei suoi sogni.

Una tradizione ancora in voga nel centro sud è l'esposizione del corredo all'interno della casa della sposa. In questo modo i parenti dello sposo potevano vedere l'investimento fatto dalla famiglia della sposa.

La tradizione vuole che gli sposi la sera prima delle nozze, mentre sono entrambi lontani, si scrivano una lettera d'amore per poi sigillarla e custodirla con cura fino al giorno del primo anniversario. Una tradizione ormai abbandonata, ma così tanto romantica da far sognare ogni futura sposa.

Oltre alla tradizione che vuole che la sposa indossi le cinque cose, c'è anche quella di inserire una monetina da 1 centesimo all'interno della scarpa per invocare benessere e prosperità.

Una tradizione vittoriana antichissima vuole che all'interno della torta nuziale vengano nascosti degli charms con nastrino di seta dal significato ben preciso: un anello, simbolo di un matrimonio imminente; un'ancora, simbolo di avventura; un cuore, simbolo di una storia d'amore; una stella, simbolo di un desiderio che si sta per avverare.

Se il velo è stato regalato o prestato da una donna che ha avuto un matrimonio felice, la sposa sarà protetta e godrà della stessa fortuna. È di buon augurio che la sposa pianga durante il grande giorno così da non piangere più durante la vita coniugale.

Se la sposa trova un ragno sul suo abito sarà sommersa dalla felicità.

La tradizione vuole che lo sposo abbia in tasca tre chicchi di sale e deve avere la cravatta perfettamente dritta, perché se si presenta al matrimonio con la cravatta di traverso significherà che sarà un marito infedele.

GLI ANNIVERSARI

La tradizione ha assegnato ad ogni anno di matrimonio un materiale, così da far crescere insieme l'importanza dell'unione.

1° anno Nozze di carta

2° anno Nozze di cotone

3° anno Nozze di cuoio

4° anno Nozze di lino

5° anno Nozze di legno

6° anno Nozze di ferro

7° anno Nozze di lana

8° anno Nozze di bronzo

9° anno Nozze d'argilla

10° anno Nozze d'alluminio

11° anno Nozze d'acero

12° anno Nozze di seta

13° anno Nozze di pizzo

14° anno Nozze d'avorio

15° anno Nozze di cristallo

16° anno Nozze d'edera

17° anno Nozze di viola

18° anno Nozze di quarzo

19° anno Nozze di caprifoglio

20° anno Nozze di porcellana

21° anno Nozze di rovere

22° anno Nozze di rame

23° anno Nozze d'acqua

24° anno Nozze di granito

25° anno Nozze d'argento

26° anno Nozze di rosa

27° anno Nozze di giaietto

28° anno Nozze d'ambra

29° anno Nozze di granito

30° anno Nozze di perla

31° anno Nozze d'ebano

32° anno Nozze di rame

33° anno Nozze di stagno

34° anno Nozze di ampolla

35° anno Nozze di corallo

36° anno Nozze di silice

37° anno Nozze di pietra

38° anno Nozze di giada

39° anno Nozze d'agata

40° anno Nozze di smeraldo

41° anno Nozze di topazio

42° anno Nozze di diaspro

43° anno Nozze di opale

44° anno Nozze di turchese

45° anno Nozze di Rubino

46° anno Nozze di madreperla

47° anno Nozze di ametista

48° anno Nozze di feldspato

49° anno Nozze di zircone

50° anno Nozze d'oro

Arrivati a questo traguardo sarete sicuramente dei signori innamoratissimi e dovreste festeggiare questo meraviglioso traguardo con i vostri familiari più cari.

Indice

dei contenuti